"ධම්මෝ හි වාසෙට්ඨා, සෙට්ඨෝ ජනේතස්මිං
දිට්ඨේ චේව ධම්මේ, අභිසම්පරායේ ච."

වාසෙට්ඨයෙනි, මෙලොවෙහි ත්, පරලොවෙහි ත්
ජනයා අතර ධර්මය ම ශ්‍රේෂ්ඨ වෙයි !

– අග්ගඤ්ඤ සූත්‍රය – භාගයවත් බුදුරජාණන් වහන්සේ

නුවණ වැඩෙන බෝසත් කථා - 37
ජාතක පොත් වහන්සේ
(වණ්ණාරෝහ වර්ගය) (අඩ්ඪ වර්ගය)

පූජ්‍ය කිරිබත්ගොඩ ඤාණානන්ද ස්වාමීන් වහන්සේ

ISBN : 978-955-687-162-3

ප්‍රථම මුද්‍රණය	:	ශ්‍රී බු.ව. 2562 පොසොන් මස පුන් පොහෝ දින
සම්පාදනය	:	මහමෙව්නාව භාවනා අසපුව වඩුවාව, යටිගල්ඔළුව, පොල්ගහවෙල. දුර : 037 2244602 info@mahamevnawa.lk | www.mahamevnawa.lk

පරිගණක අකුරු සැකසුම, පිටකවර නිර්මාණය සහ ප්‍රකාශනය :
මහාමේඝ ප්‍රකාශකයෝ
වඩුවාව, යටිගල්ඔළුව, පොල්ගහවෙල.
දුර : 037 2053300, 076 8255703
mahameghapublishers@gmail.com

මුද්‍රණය	:	තරංජි ප්‍රින්ට්ස්, 506, හයිලෙවල් පාර, නාවින්න, මහරගම. ටෙලි: 011-2801308 / 011-5555265

නුවණ වැඩෙන බෝසත් කථා - 37

ජාතක පොත් වහන්සේ

(වණ්ණාරෝහ වර්ගය)

(අඩ්ඪ වර්ගය)

සරල සිංහල පරිවර්තනය

පූජ්‍ය කිරිබත්ගොඩ ඤාණානන්ද
ස්වාමීන් වහන්සේ

මහාමේඝ
MAHAMEGHA

ප්‍රකාශනයකි

පෙරවදන

ජාතක පොත් වහන්සේ ඔබ කියවලා ඇති. කුඩා අවධියේත්, පාසලේදීත්, සරසවියේත්, පන්සලේ බණ මඩුවේත්, වෙසක් නාඩගමේත් අපි ජාතක කථා රස වින්දෙමු. නමුත් එහි සැබෑ අරුත කුමක් දැයි තේරුම් ගන්නට අප සමත් වූ වගක් නම් නොපෙනේ.

'නුවණ වැඩෙන බෝසත් කථා' නමින් ඒ ජාතක කථා ඔබේම භාෂාවෙන් ඔබට කියවන්නට ලැබෙන්නේ එයින් ඉස්මතු වන අරුතත් සමඟිනි. මෙහි අරුත් දැන එම කථාවත් මතක තබා ගෙන සත්පුරුෂ ගුණධර්ම දියුණු කර ගන්නට මහන්සි ගන්නේ නම් එය ජාතක කථාවෙන් ඔබට ලැබෙන සැබෑම ප්‍රතිඵලයයි.

හැම දෙනාටම තෙරුවන් සරණයි!

මෙයට,
ගෞතම බුදු සසුන තුළ මෙත් සිතින්,
පූජ්‍ය කිරිබත්ගොඩ ඤාණානන්ද ස්වාමීන් වහන්සේ
ශ්‍රී බුද්ධ වර්ෂ 2560 ක් වූ වෙසක් මස 31 දා

මහමෙව්නාව භාවනා අසපුව
වඩුවාව, යටිගල්ඔළුව,
පොල්ගහවෙල.

පටුන

37. වණ්ණාරෝහ වර්ගය

අඩස් වර්ගය

නමෝ තස්ස භගවතෝ අරහතෝ සම්මාසම්බුද්ධස්ස
ඒ භාග්‍යවත් අර්හත් සම්මා සම්බුදුරජාණන් වහන්සේට නමස්කාර වේවා!

01. වණ්ණාරෝහ ජාතකය

එකිනෙකා කොටවා වනසන්ට සිතූ සිවලාගේ කතාව

පින්වතුනේ, පින්වත් දරුවනේ,

මේ ලෝකයේ ජීවත්වෙන මිනිසුන්ගේ සිත්වල ඇති ලාමක ගති ගැන දැනගන්නා විට පුදුම හිතෙනවා. ඇතැම් අය එන්නේ පිහිට සොයාගෙන ඉතා අසරණව යි. ටික කලක් ගියාට පස්සේ ඔවුන්ට තමන් කවුදැයි අමතක වෙනවා. තමන්ට උපකාරී වූ යහපත් උතුමන්ව වැනසීමට ආශා කරනවා. ඒ වෙනුවෙන් එකිනෙකාව කොටවන්ට මහන්සි ගන්නවා. මේ එබඳු කතාවක්.

ඒ දිනවල අපගේ භාග්‍යවතුන් වහන්සේ වැඩ වාසය කොට වදාළේ සැවැත්නුවර ජේතවනයේ. ඔය කාලේ අපගේ දැගසව්වන් වහන්සේලාට වස් කාලයක ටිකක් ඈත වනාන්තරේක වාසය කරන්ට කැමැත්තක් ඇති වුනා. ඉතින් ඒ මහෝත්තමයන් වහන්සේලා ශාස්තෲන් වහන්සේ වන්දනා කොට අවසර ගෙන පිරිසගෙන් වෙන් වී ඒ දෙනම වහන්සේ පමණක් පාත්‍රා සිවුරු අරගෙන ජේතවනයෙන් පිටත්ව වැඩියා. වැඩම

කරලා ඇත පිටිසරබද ආරණ්‍යයක වැඩ වාසය කළා. පිඬු සිඟා වඩිනා ගම්මානයේ මිනිස්සු මහා ශ්‍රද්ධාවකින් කුටි සෙනසුන් සක්මන් මළු හදා දීලා සෑහෙන්ට පිං කරගත්තා. ඔය අතරේ අසරණ මනුස්සයෙකුත් ඇවිත් ඒ අරණ්‍යයේ නැවතී අපගේ මහතෙරුන් වහන්සේලාට උපස්ථාන කළා.

මේ පුද්ගලයා දවසක් මෙහෙම සිතුවා. 'හප්පා... මේ තෙරුන්නාන්සේලා දෙනම කිරියි පැණියි වගේ නොවැ. පුදුමාකාර සමඟියකින් නොවැ ඉන්නේ. මෙතෙක් දවසක එකිනෙකා කෙරෙහි ප්‍රිය ඇසින් බලා මිහිරි තෙපුල් දොඩනවා විතර ම යි නොවැ. හැබැටමම මේ ඇත්තන්ට තරහා අමනාප ඇති වෙන්නැත්තේ ඇයි? නෑ... නෑ... නෑ එහෙම වෙන්ට බෑ. මෙයාලා එකිනෙකා බිඳුවන්ට බැරිවෙන්ට බෑ. මං උත්සාහයක් අරගෙන බලන්ට ඕනෑ මෙයාලා දෙන්නාව බිඳවන්ට' කියා සිතා දවසක් අපගේ ධර්මසේනාධිපතීන් වහන්සේ ළඟට ගියා. ගිහින් බයාදු හිනාවක් පා මෙහෙම කිව්වා. "මේ... ස්වාමීනී... මට... මේ... අහන්ටත් මොකොදෝ වගේ. න... නමුත්... නාහා කොහොමෙයි... මං... මේ... තමුන්නාන්සේට ඇති ලෙන්ගතුකොම නිසා ම යි මේක කියන්ට සිතුවේ. මේ අපේ මහාමොග්ගල්ලාන තෙරුන් තමුන්නාන්සේ එක්ක මොකෝවත් වෛරයක්, අමනාපයක්, කෝන්තරයක් තියෙනවැයි?"

"ඇයි උපාසක එහෙම අහන්නේ?"

"නෑ... මං උන්නාන්සේ ළඟට ගිය වෙලාවේ මට නං කීවේ ජාතිකුල ගෝත්‍ර වංශ පරම්පරාවෙන් බැලුවත්, ධර්මඥානයෙන් බැලුවත්, ඉර්ධිබලයෙන්

බැලුවත් උන්නාන්සේගේ ළඟටත් ගන්ට බෑලු. ලොකු වෙනසක් තියේලු. තමුන්නාන්සේගේ අගුණ ම යි කීවේ. මං ඒත් කීවා එකට ඉන්න ඇත්තො ඔහොම නොහොඳ නෝක්කාඩුකොමෙන් ඉන්න එක හරි නැත කියා. ඔය කාරණාව ගැන තමුන්නාන්සේ ටිකක් සිතා බලන්ට."

එතකොට අපගේ ධර්මසේනාධිපතීන් වහන්සේ මේ පුද්ගලයා දෙස අනුකම්පාවෙන් බලා සිනාසී "හරි... උපාසක යන්ටකෝ එහෙනං දැන්" කියා වදාළා.

ඊට පස්සේ මේ පුද්ගලයා නිශ්ශබ්දව එතැනින් ගියා. වෙනත් දවසකදී අපගේ මහාමොග්ගල්ලානයන් වහන්සේ ළඟට ගිහින් වන්දනා කොට වාඩි වුනා. සැකෙන් භයෙන් වගේ වට පිට බලා මෙහෙම කිව්වා.

"අනේ ස්වාමීනී... මම මේ ගැන මහත් දුකකින් ඉන්නේ. අනේ... මෙතරම් දුරක ඇවිදිනුත් අවුලක් ඇති වුනොත් හරි නෑ නොවැ... මං මේ බොහෝම කල්පනා කොරලා කොරලා අන්තිමේදී සිතුවේ තමුන්නාන්සේට කියන්ට ඕනෑ කියලා. අපේ අනිත් තෙරුන්නාන්සේ තමුන්නාන්සේත් එක්ක වෛරයක්, ක්‍රෝධයක්, කෝන්තරයක් තියෙනවා වගේ පෙනුනා. ජාතිකුල ගෝත්‍ර ආදියෙනුත්, ධර්මඥානයෙනුත්, ඉර්ධිබලයෙනුත් තමුන්නාන්සේ බොහෝම පහත් ය කියා කියන්නේ."

එතකොට මහාමොග්ගල්ලානයන් වහන්සේත් සිනහ පහළ කළා. "හරි... උපාසක යන්ටකෝ එහෙනං දැන්" කියා ඔහුව පිටත් කළා. සාරිපුත්තයන් වහන්සේ වෙත වැඩියා. මෙහෙම ඇසුවා.

"ආයුෂ්මත... ඔබවහන්සේට අර අපට උපස්ථාන

කරන මනුස්සයා ඇවිදින් මොකාක් හරි කිව්වා ද?"

"එසේය... ආයුෂ්මත. මේ පුද්ගලයාගේ සිත අපිරිසිදුයි. මොහු නිකරුණේ පව් රැස් කර ගන්නවා. මොහුව අපි මෙහෙන් පිටත් කරමු."

"බොහෝ හොඳා ආයුෂ්මත, මොහුගේ සිත අපිරිසිදු යි. එහෙනම් මොහුව මෙහෙන් යවන්ට."

එතකොට සාරිපුත්තයන් වහන්සේ ඔහුට කතා කළා. "මේ... උපාසක... ඔයා භයානක පව් රැස් කරගන්නවා තවත් මෙහෙ හිටියොත්. ඒ නිසා අද ම යන්ට" කියා පිටත් කෙරෙව්වා. ඊට පස්සේ උන්වහන්සේලා වෙනදා වගේම සුවසේ වස් කාලය ගත කළා. ආයෙමත් ජේතවනයට වැඩියා. භාග්‍යවතුන් වහන්සේ ළඟට ගිහින් වන්දනා කොට එකත්පස්ව වාඩිවුනා. භාග්‍යවතුන් වහන්සේ මෙසේ වදාළා.

"මහණෙනි, ඔබ දෙදෙනා සුවසේ වස් කාලය ගත කළා ද?" එතකොට සාරිපුත්තයන් වහන්සේ මෙසේ පැවසුවා. "එසේය ස්වාමීනී, නමුත් ස්වාමීනී අපට උපස්ථාන කරගෙන ලැබෙන දෙයකින් යැපී ඉන්නම් කියා අසරණයෙක් ආරණ්‍යයට නවතින්ට ආවා. ඇවිදින් ටික දවසකින් ඔහු අපිව කොටවන්ට හිතාගෙන දෙපැත්තට කියන්ට පටන් ගත්තා. ඔහුගේ අදහස අපි දැනගත් බව තේරිලා යන්ට කියූ ගමන් භයට පත් වෙලා පලා ගියා.

"සාරිපුත්ත... ඔය පුද්ගලයා ඔබලා දෙන්නාව කොටවන්ට උත්සාහ කළේ මේ ආත්මේ විතරක් නොවේ. මීට කලින් ආත්මෙකත් කොටවන්ට උත්සාහ අරන් ඒක අහුවුනා. එදාත් පලාගියා."

"අනේ... ස්වාමීනී... ඒ පුද්ගලයා පෙර ආත්මයේ අපි දෙන්නාව කොටවා, බිඳවා, භේදභින්න කරන්ට වෑයම් කළේ කොහොමද කියා අපට වදාරණ සේක්වා!" කියා භාග්‍යවතුන් වහන්සේගෙන් ඉල්ලා සිටියා. භාග්‍යවතුන් වහන්සේ ඒ අවස්ථාවේදී මේ අතීත කතාව ගෙනහැර දක්වා වදාළා.

"මහණෙනි, ගොඩාක් ඉස්සර කාලෙක බරණැස්පුරේ බ්‍රහ්මදත්ත නම් රජ්ජුරු කෙනෙක් රාජ්‍ය විචාරමින් වාසය කළා. ඔය කාලේ මහාබෝධිසත්වයෝ වනාන්තරේ වෘක්ෂදේවතාවෙක් වෙලා සිටියා. ඒ කාලේ ඔය වනාන්තරේ එක්තරා සිංහයෙකුයි ව්‍යාඝ්‍රයෙකුයි ඒ වනාන්තරේ ගුහාවක වාසය කළා. දවසක් ඔය දෙන්නාට උපස්ථාන කරන්ට ආසයි කියා නරියෙක් ඇවිත් ඒ දෙන්නා ළඟ නැවතුනා. මේ සත්තු දෙන්නා දඩයම් කළ මස්වල ඉතුරු වෙන දේවල් කාලා කලක් යද්දී හොඳට ඇඟපත තරවෙලා ආවා.

නරියා දිනක් ගල්ලෙන ඉදිරියේ ලැගලා සිටිද්දී මේ සිංහයයි ව්‍යාඝ්‍රයයි ඉතාමත් ලෙන්ගතුව එකට වාසය කරනා හැටි බලා සිට මෙහෙම සිතුවා. 'මං දැන් මේ වනාන්තරේ එක එක සතුන්ගේ මස්වල රස බලා තියෙනවා. නමුත් මට සිංහ මස්වලත් ව්‍යාඝ්‍ර මස්වලත් රස බලන්ට තවම බැරි වුනා නේ. ගොඩාක් රස ඇති මයෙ හිතේ. හැබැයි ඉතින් මේ දෙන්නා මරා ගත්තොත් හරි. එහෙම නම් මේ දෙන්නාව දෙන්නාට දෙන්නා හොඳහැටි කොටවන්ට ඕනෑ. එතකොට දෙන්නාම කා ගෙන මැරේවි. ඊට පස්සේ මයෙ අදහස ඉෂ්ට වේවි' කියා සිතුවා.

ඊට පස්සේ නරියා සිංහයා ළඟට ගිහින් තුනට හතරට නැමී ගරු සරු දක්වා "ස්වාමී... මට විශේෂ කාරණාවක් සැළකොරන්ට අවසර ද?" කියා ඇසුවා.

"ඔව්... මිත්‍රයා... මොකක්ද?"

"අනේ ස්වාමී... තමුන්නාන්සේ මං ගැන දන්නවා නොවැ. මං ඉන්නේ තමුන්නාන්සේට මයෙ ජීවිතේ පූජා කරලා. මට හරි දුකායි. ඒකයි මං මේක කොහොම හරි කියන්ට ඕනෑ කියලා කල්පනා කොළේ. තමුන්නාන්සේ එක්ක ව්‍යාඝ්‍රයා වෛරයෙන් ද ඉන්නේ?"

"ඇයි මිත්‍රයා එහෙම කියන්නේ?"

"අනේ ස්වාමීනී, ව්‍යාඝ්‍රයා මට මෙහෙම කීවා. 'මේ නරියෝ... උඹ දන්නවැයි? ඔය සිංහයා කියන්නේ ශරීර හැඩරුවින්, උසමහතින්, කාය බලයෙන්, ජාතිසම්පන්න බවෙන්, වීරියෙන් මගේ අහලකටවත් එන්ට බැරි එකෙක්' කියලා කිව්වා නොවැ. හප්පේ මේ මක්කදැයි මං අහන්නේ කියා මගෙ ඇඟ හිරි වැටුනා."

"හරි... හරී... උඹ පලයං... මං දන්නවා ව්‍යාඝ්‍රයා ගැන. එයා ඕවා කියන්නේ නෑ" කියා සිංහයා පිළිතුරු දුන්නා. එතකොට නරියා හෙමිහිට එතැනින් මගෑරලා ගියා. ඊට පස්සේ නරියා ව්‍යාඝ්‍රයා ළඟට ගිහින් ඔය විදිහට ම කිව්වා. ඒක අහපු ව්‍යාඝ්‍රයා ටිකාක් තක්කුමුක්කු වුනා. කෙළින්ම සිංහයා ළඟට ගියා.

"මිත්‍රයා... මං ගැන ඔහේ මේං මේ මේ විදිහට කතා කොන්නවා ය කියා කියන්නේ" කියා මේ ගාථාව පැවසුවා.

(1). හැබෑද සුදාඨ නම් වූ සිංහය -
ඔහේ මෙහෙම කිව්වාය කියන්නේ
ඔය සුබාහු නම් වූ ව්‍යාඝ්‍රයාට වඩා -
හැඩ රුවිනුත් උස මහතිනුත්
ජාතියෙනුත් බලයෙනුත් වීරියෙනුත් -
මං නොවැ ඉන්නේ ඉහලින් කියා

එය ඇසූ සුදාඨ නමැති සිංහයා මෙහෙම පිළිතුරු ගාථාවන් පැවසුවා.

(2). නුඹ නොවැ එම්බා සුබාහු -
ඔවැනි දෙයක් මේ විදිහට කියා තියෙන්නේ
ඔය සුදාඨ නම් සිංහයාට වඩා -
හැඩ රුවිනුත් උස මහතිනුත්
ජාතියෙනුත් බලයෙනුත් වීරියෙනුත් -
මං නොවැ ඉන්නේ ඉහලින් කියා

(3)

මිතුර සුබාහු නුඹ දැන් -
නරි නාම්බෙකුගේ බොරු කේළාම් අසා
ඒවා ඇත්ත ය කියා සිතට ගෙන -
මා වනසන්ට ද කැමතිව ඉන්නේ
නුඹත් සමඟ එක ගුහාවෙ විසුමට -
මෙතැන් පටන් මගෙ නැතේ කැමැත්තක්

(4)

අනුන් කියන අභූත බොරු බස් -
ඇත්තක් ලෙස අදහාගන්නව නම්
ඔහුගෙ මිතුරුකම වහාම බිඳෙයි නම් -
බොහෝ වෛරයයි ඔහු තුළ ඇති වන්නේ

(5)

යම් මිතුරෙක් හැම තිස්සෙම ඉන්නේ
- සිය මිතුරා ගැන සැකයෙන් නම්
මිතුරාගේ ඇදයක් ම සොයයි නම්
- ඔහු සැබෑ මිතුරෙක් නම් නොවේ
යම් මිතුරෙක් සිය මිතුරගෙ යහපත
- සලසයි නම් සිය දරු රකිනා මව සේ
ඔහුගෙ මිතුරුකම කාටවත් ම වනසන්නට බෑ
- ඇත්තෙන් ම ඔහු ය මිතුරා

මේ විදිහට සිංහයා මිත්‍රයෙකුගේ තිබිය යුතු ගුණසම්පත් ගැන විස්තර කරමින් ගාථාවන් පවසද්දී ව්‍යාඝ්‍රයාට සිහිය උපන්නා. තමන්ගෙන් බලවත් වරදක් සිදු වූ බව තේරුම් ගත්තා. සිංහයාගෙන් සමාව ගත්තා. එතැන් පටන් ඒ දෙන්නා කලින් වගේ ම ඉතාම හිතවත්ව වාසය කළා. තමන්ගේ උපාය වැරදුනු බව තේරුන නරියා එතැනින් පලා ගියා.

මහණෙනි, එදා හිවලා වෙලා සිටියේ මෙදා ඔබලාගේ සෙනසුනට ඇවිත් ඉඳුල්බත් කමින් සිට ඔබලාව කෙටවීමට මහන්සිගත් තැනැත්තායි. සිංහයාව සිටියේ අපගේ සාරිපුත්තයෝ. ව්‍යාඝ්‍රයාව සිටියේ අපගේ මොග්ගල්ලානයෝ. එදා ඔය සිදුවීම තම දෑසින් දුටු වෘක්ෂදේවතාවා වෙලා සිටියේ මම යි” කියා භාග්‍යවතුන් වහන්සේ මේ ජාතකය නිමවා වදාළා.

02. සීලවීමංස ජාතකය

සීලයේ උතුම් බව විමසූ බ්‍රාහ්මණයාගේ කතාව

පින්වතුනේ, පින්වත් දරුවනේ,

ලෝකයේ තවමත් ශ්‍රේෂ්ඨ ලෙස පිළිගන්නේ සිල්වත් බවයි. නමුත් අපට බැලූ බැල්මට පෙනෙන්නේ සීලයට කිසිම තැනක් නැති බව යි. නමුත් මේ ජාතක කතා ඇසුරින් බැලූ විට තවමත් සීලය ම උතුම් බව පෙනෙනවා. අද මේ නූතන ලෝකයේ පවා මහා උගත් යැයි පිළිගත් වෛද්‍යවරුන්, නීතිඥයින් වැනි උගතුන් පමණක් නොව භික්ෂූන් වහන්සේලා පවා නොයෙක් අපචාර ක්‍රියාවන්ට වරදකරු වූ අවස්ථාවන්වලදී සිර දඬුවම් ලබා තිබෙනවා. එපමණක් නොවේ සමහර රටවල දේශපාලන නායකයන් පවා ස්ත්‍රී දූෂණ, සොරකම් කිරීම් ආදියට වරදකරු වීම නිසා සිර දඬුවම් ලබා තිබෙනවා. එසේ නම් එයින් පෙනෙන්නේ ඔවුන් පිළිබඳ තිබූ පිළිගැනීම්, ගරුසත්කාර සියල්ල තිබුණේ සිල්වත් බව සමඟයි, ඔවුන්ගේ සිල්වත්බව නැති වූ විට ඔවුන් දඬුවම්වලට භාජනය වුනා.

සාමාන්‍යයෙන් උසස් කුලයක ඉපදීම, උගත්කම, ධනවත්කම, ලොකු රැකියාවක් කිරීම ආදියට ලොකු පිළිගැනීමක් තිබෙන බවයි පිටතට පෙනෙන්නේ. එබඳු

කවුරු නමුත් අනාචාර ක්‍රියාවක යෙදීම ගැන වරදකරුවකු වූ විට අර සියල්ලේ වටිනාකම නැතිව යනවා. තවමත් ලෝකයේ ශ්‍රේෂ්ඨ සීලයයි. මේ කතාවෙන් කියැවෙන්නේ එබඳු දෙයක්.

ඒ දිනවල අපගේ භාග්‍යවතුන් වහන්සේ වැඩ වාසය කොට වදාළේ සැවැත්නුවර ජේතවනයේ. ඔය කාලේ කොසොල් රජ්ජුරුවෝ 'මොහු බොහෝම හොඳ සිල්වත් කෙනෙක් ය' කියා සිතා අනිත් බ්‍රාහ්මණයන්ට වඩා වෙනත් බ්‍රාහ්මණයෙකුට විශේෂයෙන් සැලකුවා. එතකොට ඒ බ්‍රාහ්මණයා මෙහෙම සිතුවා. 'ම්ම්... රජ්ජුරුවෝ මට විශේෂ වශයෙන් සලකන්නේ මොකොද? මගේ සිල්වත්කමකට ගරු කරලා සලකනවා ද, එහෙමත් නැත්නම් මගේ දැනඋගත්කම්, බහුශ්‍රැතකම්වලට සලකනවා ද කියා මං පරීක්ෂා කොට බලන්ට ඕනෑ.'

මේ බ්‍රාහ්මණයා දවසක් රාජ උපස්ථානයට ගිහින් ආපසු හැරී යන ගමන් රන් බඳුනෙන් රන් කාසියක් සොරකමක් කරන අයුරෙන් ගත්තා. රන්කරුවා ඒක දැක්කා. දැකලා මුකුත් නොකියා නිශ්ශබ්දව සිටියා. දෙවෙනි වතාවෙත් රන් කාසියක් ගත්තා. ඒ වතාවෙත් රන්කරුවා නිශ්ශබ්දව සිටියා. තුන්වෙනි දවසෙත් රන් කාසියක් හොරෙන් ගත්තා. එතකොට රන්කරුවා හයියෙන් කෑ ගැසුවා. "හෝ... මේ... මේන්න රන්කාසි පැහැර ගන්නා හොරෙක්... හොරේක්" කියා කෑ ගසා අර බ්‍රාහ්මණයාව අල්ලාගෙන දෑත පිටුපසට කොට ගැට ගසා රජ්ජුරුවන්ගේ ඉදිරියට ගෙන ගියා. මේ බ්‍රාහ්මණයාව දුටු රජ්ජුරුවෝ මහත් සේ කණගාටු වුණා.

"අයියෝ... බ්‍රාහ්මණය, ඔහේට මේ මොකදෑ වුනේ?

ඔහේ වගේ කෙනෙක් ඇයි අපේ වස්තුව පැහැර ගන්නේ?"

"මහරජ්ජුරුවෙනි... ඇත්තෙන්ම මං තමුන්නාන්සේගේ වස්තුව පැහැර ගත්තේ නෑ. ඊයේ යි පෙරේදා යි අදයි ගත්තු රන් කාසි තුන ම මගේ ළඟ තියෙනවා. මේ තියෙන්නේ.... මගේ නිවසේ මට සුවසේ වාසය කරන්ට ප්‍රමාණවත් වස්තුව ධනය තියෙනවා. නමුත් මං මේ කළේ පරීක්ෂා කිරීමක්.

මහරජ්ජුරුවෙනි, ඔබතුමා මට ගොඩාක් සලකනවා. ඒ සලකන්නේ මගේ සිල්වත්කමට ද නැත්නම් මගේ දැනඋගත්කමට ද කියා සොයා බලන්ටයි ඕනෑ වුනේ. ඉතිං මං හිතුවා මෙහෙම රන් කාසි ගන්නා විට මගේ දෑත් බැඳගෙන ඔබතුමා ඉදිරියට පැමිණෙව්වොත් මෙතෙක් කල් මට ගරුසරු දක්වා තියෙන්නේ සිල්වත් බවට මිසක් වෙන දෙයකට නොවේ ය කියා. මට දිගට ම රන් කාසි ගන්ට පුළුවන් වුනොත් මට නිශ්චයට එන්ට වෙනවා සීලයට තැනක් නැති බව කියලා. නමුත් දැන් මට ඔප්පු වුනා මේ ලෝකයේ ගරුසරු දැක්වීම තියෙන්නේ සීලයට බව. ඉතින් මහරජ්ජුරුවනි, සීලයේ උතුම් බව මට තේරුන අවස්ථාවේ මට මේ ගිහිවාසයෙන් පලක් නෑ. මට පැවිදි වෙන්ට අවසර දෙන්ට" කියා කොසොල් රජ්ජුරුවන්ගෙන් අවසර ගත්තා. ආයෙ ගෙදරවත් නොගිහින් කෙලින් ම ජේතවනයට ගියා. ගිහින් භාග්‍යවතුන් වහන්සේට වන්දනා කොට පැවිදි කරන්ට කියා ඉල්ලා සිටියා. එතකොට ඒ බ්‍රාහ්මණයාට භාග්‍යවතුන් වහන්සේ වෙතින් පැවිදි උපසම්පදාව ලබන්ට අවස්ථාව උදාවුනා.

මේ පැවිදි උපසම්පදාව ලත් භික්ෂුව සීල, සමාධි, ප්‍රඥා දියුණු කොට කෙටි කාලයකදී ම උතුම් අර්හත්වයට

පත් වුනා. දම්සභා මණ්ඩපයට රැස්වූ භික්ෂූන් වහන්සේලා මේ ගැන කතා කරන්ට පටන් ගත්තා. "බලන්ට ඇවැත්නි, අසවල් බ්‍රාහ්මණයා හරි පින්වන්තයි. ඔහුට හිතුනා නොවැ සීලයක තියෙන අනුසස් සොයන්ට. ඒකට හැබැයි එයා කළේ නම් වෙනස් දෙයක්. රන් කාසි සොරකම් කිරීමයි. එතකොට එයාට එතෙක් දවස් තිබූ ගරුසරු නැති වෙලා 'සොරා' යන නින්දාව ලැබුනා. දැත් පිටිතල හයා බැඳගෙන රජ්ජුරුවෝ ගාවට ගෙනිහින්. එතකොට තමයි එයාට තේරිලා තියෙන්නේ එයාට ලැබුනු සියලු ගරුසරු තිබුනේ සිල්වත් බව මුල් කොට බව. එතකොට එයා ගිහි ජීවිතේ අත්හරින්ට තීරණය කොට ඇවිත් පැවිදි වුනා. දැන් ඉතින් රහත් ඵලයට පත් භික්ෂුවක් නොවැ."

ඒ අවස්ථාවේ භාග්‍යවතුන් වහන්සේ එතැනට වැඩම කොට වදාළා. භික්ෂූන් වහන්සේලා තමන් කතා බස් කරමින් සිටි කරුණ භාග්‍යවතුන් වහන්සේට සැළකළා. භාග්‍යවතුන් වහන්සේ මෙසේ වදාළා.

"මහණෙනි, සීලයට ම ද ලෝකයේ ගරු සත්කාර ලැබෙන්නේ යන්න සොයා බැලුවේ ඔය බ්‍රාහ්මණයා විතරක් නොවේ. ඉස්සර හිටිය පණ්ඩිතවරුත් ඔය විදිහට සිල් විමසා තියෙනවා. ඊට පස්සේ පැවිදි වෙලා තමන්ට පිහිට සලසාගෙන තියෙනවා" කියා මේ අතීත කතාව ගෙනහැර දක්වා වදාළා.

"මහණෙනි, ගොඩාක් ඉස්සර කාලෙක බරණැස් පුරේ බ්‍රහ්මදත්ත නම් රජ්ජුරු කෙනෙක් රාජ්‍ය විචාරමින් සිටියා. ඔය කාලේ බෝධිසත්වයෝ බ්‍රාහ්මණ පවුලක ඉපදුනා. තිසි වයසේදී තක්සිලාවට ගොහින් ශිල්ප ශාස්ත්‍ර හදාරා ඇවිත් බරණැස් රජ්ජුරුවන් ඉදිරියේ පෙනී

සිටියා. ප්‍රසන්න භාවයට පත් රජ්ජුරුවෝ ඔහුට පුරෝහිත පදවිය පිරිනැමුවා. මේ පුරෝහිත බ්‍රාහ්මණයා නිරතුරුව පන්සිල් ආරක්ෂා කරගෙන වාසය කළා. මෙය දැනගත් රජ්ජුරුවොත් ඔහුට විශේෂයෙන් සලකන්ට පටන් ගත්තා.

දවසක් පුරෝහිත බ්‍රාහ්මණයා මෙහෙම සිතුවා. 'ඇත්තටම රජ්ජුරුවෝ මට මෙතරම් ආදරෙන් සලකන්නේ ඇයි? මං සිල්වත් කෙනෙක් ය කියා සලකනවා ද, නැත්නම් මං මහා උගතෙක් ය කියා මගේ උගත්කමට සලකනවා ද? මං මේ ගැන පරීක්ෂා කොරන්ට ඕනෑ' කියා සිතා දවසක් රාජ උපස්ථානයට ගොහින් එන ගමනේදී රන් භාජනයෙන් රන් කාසියක් අන් අයට හසුවෙන විදිහට හොරෙන් ගත්තා. රන්කරුවා මේක දැක්කා. නමුත් නොදැක්කා වගේ උන්නා. දෙවෙනි දවසේත් රන් කාසියක් ගත්තා. එතකොටත් නොදැක්කා වගේ හිටියා. තුන්වෙනි දවසේ රන් කාසිය ගන්නකොට ම "ඒයි... හොරා... මංකොල්ලකන හොරා!" කියා අල්ලාගෙන දෑත් බැඳගෙන රජ්ජුරුවෝ ඉස්සරහට ගෙන ගියා. රජ්ජුරුවෝ පුරෝහිත බ්‍රාහ්මණයාට එහෙම 'හොරෙක්, හොරෙක්' කියා අල්ලාගෙන එද්දී පුදුමයට පත් වුනා.

"අයියෝ... පුරෝහිතය... ඔහේ මහා සිල්වතෙක්ය කියා හිතාගෙනයි මාත් මෙතෙක් දවස් ගරු කළේ... අයියෝ... බලාගෙන ගියාම ඔහේ ළඟ මුකුත් නෑ නොවැ" කියලා රජ්ජුරුවෝ පැවසුවා. එතකොට බෝධිසත්වයෝ මෙහෙම කිව්වා.

"නෑ... රජ්ජුරුවෙනි, මං සොරෙක් නොවේ. මේ තියෙන්නේ ඔක්කොම රන් කාසි. මං මේ රන් කාසි ගත්තේ සොරකමකට නොවේ. පරීක්ෂා කරන්ටයි. මට ඕනෑ වුනා දැනගන්ට මේ ලෝකේ තැන තියෙන්නේ

සිල්වත්කමට ද උගත්කමට ද කියා. දැන් මට ඔප්පු වුනා මං බ්‍රාහ්මණ කුලේ උපන්නත්, මහා උගතෙක් වුනත් සිල්වත් නැත්නම් කිසිම වැදගත්කමක්, වටිනාකමක් නෑ කියලා. සිල්වත් බව ඒ සෑම දෙයකට ම වඩා උතුම් බව මට වැටහුනා" කියා මේ ගාථාවන් පැවසුවා.

(1)

ලොවේ තිබෙන උතුම් ම දෙය -
කුමක්ද කියලා විමසා බලන්ට මට සිතුනේ
ශිල්ප දැනුම - භාෂා දැනුම - දැනඋගත්කම -
යන මේව ද ලොවේ තියෙන උතුම් ම දේවල්
නැතිනම් ඉඳුරන් සංවර කරගත් -
සිල්වත් බව ලොව උතුම් ම දෙයදෝ
දැන් නම් කිසි සැකයක් නැතිවම මට -
උතුම් ම දෙය සීලය බව ඔප්පු උනා

(2)

තමන් උපන් ජාතිය උත්තම ය සිතීමත් -
රූපය හා හැඩරුව උත්තම ය සිතීමත්
ලාමක හිස් දෙයක් ම වෙයි -
සිල්වත් බව ම යි උත්තම වන්නේ
සිල් ගුණයක් නැති කෙනාගේ -
දැන උගත්කමින් කිසි වැඩක් නැතේ
මරණින් මතු ඒ හැම දෙන - දුගතියේ ම උපදින්නේ

(3)

රජා උනත් ඉන්නේ අධර්මයේ පිහිටා නම් -
වෙළෙන්දා ඉන්නෙත් අධර්මයේ පිහිටා නම්
මරණින් මත්තේ ඔවුන් සැමත් -
දුගතියේ ම උපදින්නේ

(4)

රජෙක් වුනත් බමුණෙක් වුනත් -
වෙළඳ කුලේ කෙනෙක් වුනත්
වහලෙක් වුනත් සැඩොලෙක් වුනත් -
වෙනත් නීච වූ කුලේ වුනත්
මෙලොව දී හැසිරුනෝතින් ධර්මයේ -
දෙව්ලොවදී ඒ අය සම වෙනවා

(5)

මෙහි තියෙනා වේදයත්, තමා උපන් ජාතියත් -
තම නෑදෑ පරපුරත්
තමා මැරී යන විට පරලොව -
සුගති සුවට හේතු වෙන්නෙ නෑ
යමෙක් ඉතා පිරිසිදු ලෙස -
සිල් ගුණ දම් රැකගත් විට
මේ ලොව පරලොව දෙකේ ම -
සුව සැප ඇති කර දෙනවා ම යි

බෝධිසත්වයෝ මේ විදිහට සීලයේ ගුණ කිව්වා. රජ්ජුරුවන්ගෙන් අවසර ගෙන එදා ම ගිහි ජීවිතය අත්හැරියා. හිමාලයට ගොහින් ඍෂි පැවිද්දෙන් පැවිදි වුනා. ධ්‍යාන, අභිඥා සමාපත්ති උපදවා ගත්තා. මරණින් මතු බඹලොව උපන්නා.

මහණෙනි, එදා සීලයේ ඇති උතුම් බව විමසූ බ්‍රාහ්මණයාව සිටියේ මම යි" කියා භාග්‍යවතුන් වහන්සේ මේ ජාතකය අවසන් කොට වදාළා.

03. හිරි ජාතකය

කෙළෙහි ගුණ නොදත් නුදුටු මිතුරාගේ කතාව

පින්වතුනේ, පින්වත් දරුවනේ,

ඇතැම් අය ඉන්නවා තමන්ගේ වැඩේ කරගන්නා තුරු පමණක් බොරු හිතවත්කමක් දක්වනවා. තමන්ගේ වැඩේ ඉෂ්ට වූ පසු එහෙම කෙනෙක් ඉන්නා බව වත් මතක නෑ. එහෙම අය ඉස්සරත් ඉඳලා තියෙනවා. මේ එබඳු කතාවක්.

ඒ දිනවල අපගේ භාග්‍යවතුන් වහන්සේ වැඩ වාසය කොට වදාළේ සැවැත්නුවර ජේතවනයේ. ඔය කාලේ අනේපිඬු සිටාණන්ගේ හිතමිත්‍ර වූ පිටිසරබද සිටුවරයෙක් සිටියා. නමුත් මොහුව දැකලා නෑ. දවසක් මොහු විකුණන බඩු පුරවාගත් ගැල් පන්සියයකුත් තමන්ගේ සේවක මිනිසුනුත් සැවැත්නුවර එව්වා. "මිත්‍රවරුනි, ඔබ සැවැත්නුවර ගිහින් මාගේ මිත්‍ර අනේපිඬු සිටාණන්ව මුණ ගැසී ඔය බඩු විකුණා, අලුත් බඩු අරගෙන එන්ට" කියා පිටත්කොට එව්වා.

එතකොට ඔවුන් සැවැත් නුවර ආවා. ඇවිත් කෙළින් ම ගියේ අනේපිඬු සිටුතුමාව මුණගැසෙන්ටයි. සිටුතුමා මුණ ගැසී තම නුදුටු මිත්‍ර වූ පිටිසරබද සිටුවරයා

එවූ තෑගි භෝග පිළිගැන්නුවා. තමන් පැමිණි කාරණය කියා සිටියා.

"බොහෝම හොඳා. මං ඔහේලාට කෙරෙන්ට ඕනෑ උපකාර සියල්ල කර දෙන්නම්" කියා ඔවුන්ට නවාතැන් දුන්නා. නොමිලේ ම කන්ට බොන්ටත් දුන්නා. ඔවුන් ඉතා සුවසේ බඩු විකුණාගෙන මෙහෙනුත් අලුතින් බඩු පුරවාගෙන ආයෙමත් පිටත් ව ගියා.

ටික දවසකට පස්සේ අනේපිඬු සිටුතුමාත් කරත්ත පන්සියයක බඩු පුරවා තමන්ගේ සේවක පිරිසකුත් සමඟ ඒ පිටිසර ප්‍රදේශයට පිටත් කෙරෙව්වා. ඔවුනුත් ගිහින් පළමුව අනේපිඬු සිටුතුමාගේ නුදුටු මිත්‍ර සිටුවරයා මුණ ගැසෙන්ට තෑගිභෝග අරගෙන ගියා. ඔහු තෑගිභෝග අරගත්තා.

"හෝ... බොහෝම හොඳා... එතකොට ඔහේලා මේ කොහේ සිට ආ අය ද?"

"ඇයි සිටාණෙනි, ඔබතුමාගේ පිරිසක් කරත්ත පන්සියයක බඩු අරගෙන සැවැත්නුවර ඇවිත් නැවතුනේ අපේ අනේපිඬු සිටාණෝ ළඟ නොවැ. අපි ආවේ එහෙ ඉඳලා. අපි මේ ගෙනා තෑගි භෝගත් එව්වේ අනේපිඬු සිටාණන් වෙනුවෙන්. අපිත් මේ ආවේ වෙළඳ කටයුත්තකට."

"ඕ... හෝ... නමුත් අනේපිඬු කියා නමක් ගැන මට නම් මතකයක් නෑ. කාගේ හරි නමක් වෙන්නැති. හොඳයි හොඳයි එහෙනම් ඔහේලා යන්ට" කියා පිටත් කළා. නවාතැන්, කෑම් බීම් ආදී කිසිවක් ගැන වචනයක් කතා කළේ නෑ. එතකොට ඒ පිරිස ඉතාම අපහසුවෙන්

නවාතැන් සොයාගෙන, අපහසුවෙන් ම බඩු විකුණාගෙන, නැවත අලුතින් බඩු අරගෙන සැවැත්නුවරට පිටත් වුනා. සැවැත්නුවර ඇවිත් අනේපිඬු සිටාණන් මුණගැසී අර සිටුවරයා කටයුතු කළ වංචනික ආකාරය කියා සිටියා.

ආයෙමත් ටික දවසකින් ඒ පිටිසරබද සිටුවරයා නැවතත් ගැල් පන්සියයක බඩු පටවාගෙන සැවැත් නුවරට එව්වා. එවරත් මිනිස්සු ගිහින් තෑගිභෝග අරගෙන අනේපිඬු සිටාණන්ව මුණ ගැසුනා. ඔවුන් දුටු අනේපිඬු සිටාණන්ගේ මිනිස්සු කලබල වුනා. තමන්ට කළ ඇබැද්දිය මතක් වුනා. ඒ මිනිස්සු සිටාණන්ට මෙහෙම කිව්වා.

"ස්වාමී... මෙයාලගේ නවාතැන් කෑම්බීම් ආදිය ගැන කටයුතු අපි බලාගන්නම්. ඔබතුමා වෙහෙසෙන්ට ඕනෑ නෑ" කියලා සියලු ගැල් ටික නගරයෙන් පිටතට අරගෙන ගියා. එක්තරා තැනක ගැල් මුදවන්ට සූදානම් කළා. "තමුසෙලාට මෙතැන ඉන්ට ඇහැකි. අපේ ගෙදරින් කෑඳබත් දෙන්නම්" කියා පිටත්ව ගියා. එදා රෑ ගැල් බඩු ඔක්කෝම හොරු මංකොල්ල කෑවා. ගොන්නු පලවා හැරියා. කරත්තවල රෝද ගලවා දැම්මා. ඒ මිනිස්සු හැමදේම නැති කරගෙන අමාරුවෙන් ආපසු පලා ගියා.

මිනිස්සු ගිහින් අනේපිඬු සිටාණන්ට මේ සිදුවූ ඇබැද්දිය දැනුම් දුන්නා. සිටාණන් ජේතවනයට ගිහින් භාග්‍යවතුන් වහන්සේව බැහැදැක සිදු වූ සියල්ල මුල පටන් පැහැදිලි කොට සැළකළා. භාග්‍යවතුන් වහන්සේ මෙසේ වදාළා.

"ගෘහපතිය, ඔය පිටිසරබද සිටුවරයා ඔය විදිහට කළේ මේ ආත්මේ විතරක් නොවේ. කලින් ආත්මෙකත් තමන්ගේ කටයුතු කරගන්නාතුරු පමණක් මිත්‍රශීලී බවක්

පෙන්නාගෙන සිටි අයෙක්. ඒ නිසාම ඒ ආත්මෙත් තමන්ගේ ගැල්බඩු නැති කරගෙන තමන්ගේ සේවකයන්ට පලායන්ට සිදු වුනා.

එතකොට අනේපිඬුසිටාණන් ඒ අතීත විස්තරය කියාදෙන්ට කියා භාග්‍යවතුන් වහන්සේගෙන් ඉල්ලා සිටියා. භාග්‍යවතුන් වහන්සේ මේ අතීත කතාව ගෙනහැර දක්වා වදාළා.

"ගෘහපතිය, ගොඩාක් ඉස්සර කාලෙක බරණැස්පුරේ බ්‍රහ්මදත්ත නම් රජ්ජුරුකෙනෙක් රාජ්‍ය විචාරමින් සිටියා. ඔය කාලේ මහාබෝධිසත්වයෝ බරණැස් නුවර මහාධනවත් සිටුවරයෙක්ව ඉපදිලා සිටියා. ඔය සිටුවරයාගේත් නුදුටු මිත්‍රයෙක් හිටියා. ඔහුත් පිටිසරබද පළාතක හිටිය සිටුවරයෙක්. දවසක් ඔය පිටිසරබද සිටුවරයා පන්සියයක ගැල්බඩු පටවන තමන්ගේ පිරිසත් සමඟ බරණැස් සිටුතුමා ළඟට එව්වා වෙළඳාම් කටයුතුවලට සහය දෙන්ට කියා. එතකොට බරණැස් සිටුවරයා ඒ සේවකයන්ට නවාතැන් දීලා, කෑම්බීම් සපයා වෙළඳාමට සුදුසු තැන් අල්ලා දීලා නැවත අරගෙන යන බඩු ගෙනියන්ටත් උදව් කළා.

බරණැස් සිටුවරයාත් තමන්ගේ වෙළඳාම් බඩු පුරවාගත් ගැල් පන්සියයකුයි සේවක පිරිසයි පිටිසර සිටුවරයා ළඟට පිටත් කළා වෙළඳාමට සහාය දෙන්ට කියලා. එතකොට සිටුවරයා එහෙම කෙනෙක් තමන් හඳුනන්නේ නැත කියා ඔවුන්ට කිසිම උදව්වක් කළේ නෑ. ඔවුන් නොයෙක් අපහසුතාවන්ට මුහුණ දීලා අමාරුවෙන් වෙළඳාම් කරගෙන ආවා.

පිටිසරබද සිටුවරයා ආයෙමත් ගැල් පන්සියයක් වෙළඳාම් පිණිස බරණැසට එව්වා. එතකොට බරණැස් සිටුවරයාගේ මිනිස්සු ඒ ගැල් පිරිස නගරයෙන් පිටත රැඳෙව්වා. එදා රෑ ඒ ගැල මංකොල්ලයකට හසු වුනා. ගොන්නුත් විසිර ගියා. ඔවුන් හිස් අතින් ආපසු හැරී ගියා. මේ බව බරණැස් සිටුවරයාට දැනගන්ට ලැබුනා. එතකොට සිටුතුමා 'තමන් අනුන්ගෙන් සැලකිලි ලබලා, ඒ අය තමන්ගේ ළඟට ආ විට ප්‍රත්‍යුපකාර නොකිරීමේ විපාක තමයි ඔය ලැබුනේ' කියා මේ ගාථාවන් පැවසුවා.

(1)

කිසි ලැජ්ජාවක් නොමැතිව -
සැබෑ මිතුරුකම පිළිකුල් කරනා
අනේ මං ඔබේ හොඳ මිතුරෙකී කියා -
වචනෙට පමණක් බොරුවට කියනා
කරන්නම් ඕනෑම උදව්වක් ඕනෑ වෙලාවක -
කියමින් ඒ කිසිවක් නොම කරනා
බොරුවට හඟවා සිටිය ද මිතුරුකම -
මිතුරෙක් ය කියා කිසි හැඟුමක් -
ඔහු හට නැත්තේ

(2)

යමක් තමන් කරනවා ද -
කිය යුත්තේ තමන් කරන ඒ දේ විතරයි
තමන් නොකරනා දේවල් -
බොරුවට කීමක් නම් නොකළ යුතුයි
නොකරන දේ කියනා බොරු මිත්‍රයාව -
නුවණැත්තෝ ඉක්මනින් ම හඳුනගන්නවා

(3)

යම් මිතුරෙක් හැම තිස්සෙම ඉන්නේ

    - සිය මිතුරා ගැන සැකයෙන් නම්

මිතුරාගේ ඇදයක් ම සොයයි නම්

    - ඔහු සැබෑ මිතුරෙක් නම් නොවේ

යම් මිතුරෙක් සිය මිතුරගෙ යහපත

    - සලසයි නම් සිය දරු රකිනා මව සේ

ඔහුගෙ මිතුරුකම කාටවත් ම වනසන්නට බෑ

    - ඇත්තෙන් ම ඔහු ය මිතුරා

(4)

කලණ මිතුරාගේ මිතුරුකම -

    දන් පින් කෙරුමට ගුණදම් වැඩුමට

දෙලොව ම යහපත සලසන -

    සැප ලබනා උපකාරයක් ම වෙයි

එබඳු පුරුෂයා සිය වගකීම මැනවින් -

    ඉටු කරයි සිය මිතුරු කැල වෙත

එයින් ලැබෙනා අනුසස් -

    හැමදෙනාට ම සතුට දනවයි

(5)

කලණ මිතුරන් නිසා ම යි ලොව -

    දහම් සුවයෙන් ලැබෙන රස විඳින්නේ

කෙලෙසුන් ද සංසිඳුවා -

    ලබන ලොව්තුරු සුව ලබන්නේ

එහි නැත්තේ ය කිසිදු පීඩාවක් -

    නැත්තේ ය කිසි පවක් -

        දහම් ප්‍රීති රසයි වළඳින්නේ

මේ විදිහට බෝධිසත්වයෝ පාපමිත්‍රයන්ගේ ඇති ලාමක බවත් කලණ මිතුරන්ගෙන් ලැබෙන සැපයත් පවසා සිටියා. ගෘහපතිය, එදා පිටිසරබද සිටුවරයාව සිටියේ අද ඔය පිටිසරබදව සිටින සිටුවරයා ම යි. බරණැස සිටුවරයාව සිටියේ මම යි” කියා භාග්‍යවතුන් වහන්සේ මේ ජාතකය නිමවා වදාළා.

04. බජ්ජෝපණක ජාතකය

මේ ජාතකය උම්මග්ග ජාතකයේ විස්තර වශයෙන් එන්නේ ය.

05. අභිතුණ්ඩික ජාතකය

නිකරුණේ රිළවාට පහර දුන් අභිකුණ්ඨිකයාගේ කතාව

පින්වතුනේ, පින්වත් දරුවනේ,

අද පවා පොඩි දරුවන්ට නිකරුණේ හිරිහැර කරන අය ගැන අසන්ට ලැබෙනවා. ඔවුන් අතීත ආත්මවලත් ඒ අයට ඔය විදිහට හිරිහැර කරන්ට ඇති. මෙය එබඳු කතාවක්.

ඒ දිනවල අපගේ භාග්‍යවතුන් වහන්සේ වැඩ වාසය කොට වදාළේ සැවැත්නුවර ජේතවනයේ. ඔය කාලේ ජේතවනයේ එක් මහළු තෙරනමක් වාසය කළා. ඔය තෙරුන්නාන්සේ ගමකින් දරුවෙකු රැගෙනවිත් පැවිදි කළා. මේ සාමණේර පොඩිනම ඒ තෙරනමට ඉතාම හිතවත්. නමුත් ඒ තෙරනම මේ පොඩිනමට නිතරම බැණවදිනවා. සුළු වරදක් වුනත් පහර දෙනවා. පොඩිනමට ඉවසන්ට බැරි තැන පැනලා ගෙදර ගියා. ගිහින් සිවුරු හැරියා.

ඒ මහලු තෙරුන්නාන්සේ අර පොඩිනම ළඟ ඉන්නැද්දි කිසි වටිනාකමක් දැක්කේ නෑ. නමුත් සිවුරු හැර ගිය ගමන් මහා කම්පාවක් ඇති වුනා. බලවත් අනුකම්පාවක් ඇති වුනා. එතකොට පොඩිනමගේ ගෙදර

ගියා. සිවුරු හැර ගිය කොලු ගැටයාව මුණ ගැසී මහත් ආදරයෙන් කතා කළා. කොලුවාටත් තෙරුන්නාන්සේ ගැන දුක හිතුනා. එතකොට ආයෙමත් ඒ තෙරුන්නාන්සේ සමඟ සැවැත්නුවර ආවා. ඇවිදින් ආයෙමත් පැවිදි වුනා.

ටික දවසයි ගියේ. මහළු තෙරුන්නාන්සේ ආයෙමත් පරණ විදිහම වුනා. ආයෙමත් බණින්ට පටන් ගත්තා. ගහන්ට පටන් ගත්තා. පොඩි නම මොනා කළත් තෙරනමට ඒකේ දොසක් පේනවා. ඉවසා බැරි තැනම පොඩිනමට ආයෙමත් එපා වුනා. පැනලා ගියා. ගෙදර ගිහින් ගිහි වුනා. ආයෙමත් තෙරනමට හරි දුකයි. තෙරනම ආයෙමත් පොඩිනමගේ ගෙදර ගියා. කොලු ගැටයා තෙරුන්නාන්සේව දැක්කා විතරයි තෙරනමගේ මූණවත් බැලුවේ නෑ.

"අනේ ළමයෝ ඔහොම කරන්ට එපා... අපි යං... ඔය පුතා විතරයි නොවැ මට හිටියේ. දැන් මට දැහැටි දඬුවක්, පැන් ටිකක් දෙන්ට කෙනෙක් නෑ. අනේ මයෙ පුතා යමු දැන්."

"හාපෝ... මතක් කරන්ට එපා. මං අසාපු බැනුම්, කාපු ගුටි හොඳටෝ ම ඇති. මං මොන විදිහට උන්නත් වැරදියට නොවැ පෙනුනේ. හාපෝ... මං එන්නේ නෑ" කියා කොල්ලා පැනලා දිව්වා. මහලු තෙරනම මහත් දුකින් යුතුව හිස් අතින් ආවා. ඇවිත් බලාගත් අතේ බලාන ඉන්නවා.

දම්සභා මණ්ඩපයේ රැස්වූ භික්ෂූන් වහන්සේලා මේ ගැන කතා කළා. "අනේ ඇවැත්නි, මේ තෙරුන්නාන්සේගෙයි වැරැද්ද. ඒ පොඩි නම හරීම හිත හොඳ කෙනෙක්. මේ තෙරනමට ඉතාමත් හිතවත්ව

කීකරුව ගරුසරු ඇතිව සිටියා. තෙරනමට පොඩිනමගේ වටිනාකොම තේරුනේ නෑ.”

ඒ අවස්ථාවේ අපගේ භාග්‍යවතුන් වහන්සේ එතැනට වැඩම කොට වදාළා. භික්ෂූන් වහන්සේලා තමන් කතා කරමින් සිටි කරුණ භාග්‍යවතුන් වහන්සේට සැළ කොට සිටියා. භාග්‍යවතුන් වහන්සේ මෙසේ වදාළා.

“මහණෙනි, ඔය සාමණේර නම ඒ මහලු භික්ෂුවට ලැදිව හිතවත්ව සුහදව සිටියේ මේ ආත්මේ විතරක් නොවේ. කලින් ආත්මෙකත් හිතවත්ව සිටියා. නමුත් මොහුගේ වැරදි නිසා ඒ ආත්මෙත් මොහුගේ මූණවත් බලන්ට අකැමතිව පලා ගියා” කියා මේ අතීත කතාව ගෙනහැර දක්වා වදාළා.

“මහණෙනි, ගොඩාක් ඉස්සර කාලෙක බරණැස්පුරේ බ්‍රහ්මදත්ත නමින් රජ්ජුරු කෙනෙක් රාජ්‍ය විචාරමින් සිටියා. ඔය කාලේ බෝධිසත්වයෝ ධාන්‍ය විකුණන පවුලක උපන්නා. වියපත් වුනාට පස්සේ තමාත් ධාන්‍ය වෙළඳාම පටන් ගත්තා. ඔය දවස්වල එක්තරා අහිකුණ්ඨිකයෙක් රිළවෙක් අල්ලාගෙන හොඳට උගන්නලා තිබුනා. නයෙකුත් නටවන්ට පුරුදු කරලා තිබුනා.

බරණැස සතියක මහා උත්සවයක් තිබුනා. අහිකුණ්ඨිකයා ඒ උත්සවේදී නයි නටවන්ට හිතාගෙන රිළවා රැගෙන ඇවිත් ධාන්‍ය වෙළෙන්දාගේ කඩේ නැවැත්තුවා. නවත්වා මොහු උත්සවේට ගියා. ධාන්‍ය වෙළෙන්දා රිළවාට ඒ දවස් ටිකේ කන්ට බොන්ට දුන්නා.

අහිකුණ්ඨිකයා සත් දවස ගෙවුනාට පස්සේ උත්සව කාලේ ගත කළ විනෝදෙන් රා බී මත් වෙලා ඇවිත් කිසි

වරදක් නැති අර රිළවාට උණ පතුරකින් රිදෙන්ට තුන් පාරක් ගහලා අරගෙන ගියා. රිළවා මහා සිත් වේදනාවකට පත් වුනා. රිළවා අරගෙන යන අතරේ අහිකුණ්ඩිකයා අඹගසක් යට නැවතුනා. රිළවාත් ගසක බැඳ අඹගස් සෙවනේ නිදාගත්තා. එතකොට රිළවා ගැට ලිහාගෙන අඹ ගසට නැග ගත්තා. අඹ ගෙඩි කකා වාඩි වී සිටියා. අහිකුණ්ඩිකයා අවදිවෙලා බලද්දී රිළවා පේන්ට නෑ. වටපිට සොයා බලද්දි අඹගසේ අත්තක වාඩි වී ඉන්නවා. 'දැන් මං මේකාව ආදරෙන් රවටා ළඟට ගන්ට ඕනෑ' කියලා මොළොක් බසින් කතා කරමින් මේ ගාථාව කිව්වා.

(1)

අනේ මගේ මිත්‍ර සුමුඛ -
ඔයා දන්නෙ නෑ නොවැ මට වෙච්චි දේ
මං සූදු කෙළින්නට ගොහින් පැරදුනා -
හොඳටම දුකිනුයි ඉන්නේ
මටත් ඇන්න වරෙං පුතේ -
උඹ ඔය කන අඹ ටිකක්
එතකොට උඹේ වීරියෙන් ලැබෙනා -
අඹ ටිකක් කන්ට ඇහැකි නොවැ මටත්

එය ඇසූ රිලවා මේ ගාථාවලින් අහිකුණ්ඩිකයාට පිළිතුරු දුන්නා.

(2)

හාපෝ ඇති ඇති ඔය කතා මිතුර -
නැති ගුණයෙන් ඇයි මට ඔය හැටි පසසන්නේ
'සුමුඛ' කියන නමේ අරුත මාත් දන්නවා -
ලස්සන මූණ ඇති කෙනා කියා කියන්නේ
කවදාද ඔහේ සොඳුරු මුහුණ ඇති රිළවෙක් -
දැකල තියෙන්නේ, නැතිනම් අසා තියෙන්නේ

(3)

මේ අද වාගේ මට මතකයි ඔහේ කරපු දේ -
අභිකුණ්ඨිකය, තොප එදා උස්සවේට ගොහින්
රා බී හොඳට වෙරි වී කඩේට ඇවිදින් -
බඩගින්නේ සිටිය මට යි පහර දුන්නේ

(4)

මං දුකසේ කඩේට වී නිදා උන්නු කාලේ -
තවමත් මට මතකයි
බරණැස රාජ්ජේ මට ගෙන දුන්නත් -
තොප ඉල්ලන අඹ දෙන්නෑ මං
පහර දෙමින් තදින් ම මට -
හොඳටම මා භය කළා තොප

(5)

කන්ට බොන්ට ඇති පවුලක ඉපදී ඇති -
ලෝභ කපටිකමක් නොමැති
නුවණැති මිතුරෙකු යහළුවෙකු සමඟ -
මිතුරුකමක් ඇති කරගන්නට සුදුසුයි
දිළිඳුව නපුරුව සිටිනා -
අභිකුණ්ඨිකයෙකු හා තොප වැනි -
මං ආයෙත් මිතුරු වෙන්නේ කුමටදෝ

මෙහෙම කියා රිළවා වනවදුලට වේගයෙන් වැදී පලා ගියා. මහණෙනි, එදා අභිකුණ්ඨිකයාව සිටියේ ඒ මහලු තෙරුන්. රිළවා වෙලා සිටියේ ඔය සාමණේර තැන. ධාන්‍ය වෙළෙන්දා වෙලා සිටියේ මම යි" කියා භාග්‍යවතුන් වහන්සේ මේ ජාතකය නිමවා වදාළා.

06. ගුම්බිය ජාතකය

විස මීවද දී මිනිසුන් මරා කන ගුම්බිය යක්ෂයාගේ කතාව

පින්වතුනේ, පින්වත් දරුවනේ,

ලස්සනට පේන දේවල්වලට බොහෝ අය රැවටෙනවා. මධුර වූ රසයටත් ඒ වගේ ම රැවටෙනවා. කෙනෙකුගේ කටහඬ මිහිරි වූ පමණින් ඒකටත් රැවටෙනවා. සුවඳටත් රැවටෙනවා. පහසටත් රැවටෙනවා. මේ පංචකාමයන්ට රැවටී මුලා වී වසඟයට පත් වී සිටින නිසා ම යි මේ ලෝකසත්වයා සසර දුකට වැටී සිටින්නේ. මේ එබඳු කතාවක්.

ඒ දිනවල අපගේ භාග්‍යවතුන් වහන්සේ වැඩ වාසය කොට වදාළේ සැවැත්නුවර ජේතවනයේ. ඔය දවස්වල ජේතවනයේ සිටි තරුණ භික්ෂුවකට ධර්මයේ හැසිරෙන්ට අපහසු වුනා. රාගය වැඩි වුනා. සිවුරු හැර යන්නට ම යි සිතුනේ. එතකොට ඒ භික්ෂුව තමන්ගේ ආචාර්යඋපාධ්‍යායන් වහන්සේලාට මේ අදහස සැලකළා. මහතෙරුන්නාන්සේලා මේ භික්ෂුව රැගෙන භාග්‍යවතුන් වහන්සේ බැහැ දැක මේ භික්ෂුවගේ තත්වය සැලකළා. එතකොට භාග්‍යවතුන් වහන්සේ මෙසේ වදාළා.

"භික්ෂුව... මොකද ඔබ පීඩාව ඇති වී සිවුරු හැර

යන්ට සිතුවේ? තමන්ගේ පැවිද්දට උපකාරී නොවන විසභාග අරමුණක්වත් අකුසල් හටගන්නා අයුරින් මෙනෙහි කෙරුවා ද?"

"එහෙමයි ස්වාමීනී, මගෙනුයි වැරැද්ද වුනේ. දවසක් මං පිඬුසිඟා යද්දී එක්තරා පියකරු ළඳක් මනා වස්ත්‍රාභරණයෙන් සැරසී සිටියා. ඈ දුටු ගමන් මට මොකොදෝ වුනා. එදායින් පස්සේ තමා මට මේ පීඩා ඇතිවෙන්ට පටන් ගත්තේ."

"හරි භික්ෂුව... අයෝනිසෝ මනසිකාරයෙන් සිදු වූ දේවල් තමා ඔබට ඔය සිදු වී තියෙන්නේ. මරණසතියත්, අසුභයත් සිහි වුනා නම් ඔබට ඕක වෙන්නේ නෑ. භික්ෂුව, ඉස්සර කාලේ ගුම්බිය කියලා යක්ෂයෙක් වත්තනිය මහා වනාන්තරේ වාසය කළා. ඔය යක්ෂයා මීවදවලට වස දමා පාරේ තියනවා. එතකොට වනගත මාවතේ යන මිනිස්සු එහි සුවඳට, පෙනුමට, රසයට වසඟ වෙලා ඒවා අනුභව කරනවා. එයින් ම මැරිලා යනවා. යකා මිනී මස් කනවා. මේ පංචකාමයත් ගුම්බිය යක්ෂයා වස දැමූ මීවදය වගේ තමා."

භාග්‍යවතුන් වහන්සේ මෙසේ වදාළ විට ඒ භික්ෂුව ගුම්බිය යක්ෂයාගේ කතාව කියා දෙන්ට කියා භාග්‍යවතුන් වහන්සේගෙන් ඉල්ලා සිටියා. භාග්‍යවතුන් වහන්සේ මේ අතීත කතාව ගෙනහැර දක්වා වදාළා.

"මහණෙනි, ගොඩාක් ඉස්සර කාලෙක බරණැස්පුරේ බ්‍රහ්මදත්ත නමින් රජ්ජුරු කෙනෙක් රාජ්‍ය විචාරමින් සිටියා. ඔය කාලේ බෝධිසත්වයෝ ගැල් ගෙනියන කුලේ උපන්නා. පස්සේ කාලෙක ගැල් නායකයෙක් වුණා. දවසක් බරණැසින් ගැල් පන්සියයක බඩු පටවාගෙන

වෙළඳාම් පිණිස ඈත ප්‍රදේශයකට යන්ට පිටත් වුනා. ඒ ගමන තිබුනේ මහාවත්තනී කියන මහාවනාන්තරය මැදින්. මහාබෝධිසත්වයෝ ඒ වනාන්තරයට ඇතුළු වෙන දොරටුව ළඟදී ගැල්වල ඉන්නා සියලු සේවක පිරිස රැස් කොට මෙහෙම කිව්වා.

"මිත්‍රවරුනි, දැන් අපි මේ ඇතුලු වෙන්නේ වත්තනිය මහා වනාන්තරේට. අපට යොදුන් එකසියපනහක දුරක් යන්ට තියෙනවා. මේ වනාන්තරේ බොහෝම භයානකයි. පාරේ යද්දී මග දෙපස වනයේ නොයෙක් විස වර්ග තියෙනවා, විස තියෙන කොළවර්ග තියෙනවා, මල් වර්ග තියෙනවා, ගෙඩි වර්ග තියෙනවා. ඒ නිසා මීට කලින් කාලා නැති මොනවා නමුත් මගෙන් අහන්නේ නැතිව කන්ට එපා. ඒ වගේ ම අමනුස්සයෝත් මිනිසුන්ව අල්ලා ගන්ට කපටිකම් කරනවා. හොඳ සුවඳ හමන බත්මුල්, දුටු පමණින් කන්ට හිතෙන මීවද, ගෙඩි වර්ග වගේ දේවලුත් මග තියෙන්ට පුළුවනි. මගෙන් අසන්නේ නැතිව ඒ කිසිම දෙයක් කන්ට නම් එපා!" කියා අවවාද කළා.

දැන් මේ පිරිස කරදරයක් නැතිව වනාන්තරේ භාගයක් දුර ගියා. ඔහොම යද්දී එක් ගැල්කරුවෙක් මෙහෙම කීවා. "අන්න පාර බලන්ට... පාර අයිනේ... අර කොළ අතු එලලා. ඒ මත්තේ අර මී වද ගොඩ ගහලා. ආං අතන මිනිහෙකුත් ඉන්නවා. එයා තව මී කඩනවා. ආං... අපට කැමති නම් කන්ටලු. පෝඩ්ඩක් ඉන්ට. මං ගිහින් පොඩි කෑල්ලක් කාලා බලන්නම්" කියලා ඒ ගැල්කරුවා ගිහින් මීවදයක් ගෙන කටේ දා ගත්තා. "ෂා!... හරි ෂෝක් නේ. මෙහෙම ප්‍රණීත රසැති මීවද අපට කවදාකවත් ගම්වලදී කන්ට ලැබෙන්නේ නෑ. අර මීවද කඩන එක්කෙනා අපට ඕනෑ තරම් කන්ට කියා තව මී

කඩන්ට කැලේ යනවා කියා යන්ට ගියා. එතකොට තවත් අය ඇවිදින් මීවද කන්ට පටන් ගත්තා.

"හා... හා... ඕව එකපාරට ම කන්ට එපා. මතකද අපට අපේ නායකයා කිව්ව අවවාද. අපි එතුමාට කියමු. එහෙම නැතුව ඔහේලා ඕවා කන එක වැරදියි" කියලා කෙනෙක් දුවලා ගිහින් බෝධිසත්වයන්ට කිව්වා.

"අයියෝ... මං මොනතරම් පැහැදිලිව කියා දුන්නද, මගෙන් නාහා මොකෝවත් කන්ට බොන්ට එපා ය කියා... කෝ බලන්ට" කියා බෝධිසත්වයෝ එනකොටමත් මීවද කාපු කොටසක් මැරිලා. තව කොටසකට ටිකක් කැවිලා. එයාලව ඉක්මනින් වමනේ කෙරෙව්වා. ඊට පස්සේ ඖෂධ යෙදූ චතුමධුර පෙව්වා. අතේ තියාගෙන සිටි අය ඒවා වීසි කළා.

"ඔහේලා දන්නවා ද ඕවා කාගෙ වැඩ ද කියලා. මේ වන අඩවියේ ඉන්නවා ගුම්බිය කියා යක්ෂයෙක්. ඒ යක්ෂයා තමයි වස දැමූ මීවද තියලා මිනිස් වෙසින් පේන්ට හිටියේ. මිනිස්සුන්ව ඒ විදිහට මරලා කන එක තමයි ඒ යකුන් කරන්නේ. ඔහේලා මේ කාපු දේ මීවද නොවේ. මීවද වගේ වෙන දෙයක්!"

බෝධිසත්වයන්ගේ ආනුභාවයෙන් අනිත් අයගේ පණ බේරුනා. ඊටපස්සේ පිරිස සුවසේ වත්තනිය වනයෙන් පිටතට ගිහින් තමන් අදහස් කළ නගරයට පැමිණියා. තමන්ගේ වෙළඳාම් කටයුතු හොඳින් කර ගත්තා. නැවතත් අලුතින් බඩු පටවාගෙන බරණැසට ගියා. මෙය වදාළ භාග්‍යවතුන් වහන්සේ මේ ගාථාවන් වදාළා.

(1)

මහවත්තනි වනේ පාර අයිනේ කොළ එළා -
මීවදයේ පැහැ ඇති මීවදේ සුවඳ ඇති
කන විටදිත් මීවදයේ මිහිරි රසය ඇති -
එසේ නමුත් ඒවා මීවද නම් නොවේ
ගුම්බිය නම් වූ යකු සිය කෑම සොයන්ට -
මීවද සේ වස යොදලා තැබූ දෙයකි එය

(2)

මීවද ම ය මේවා යයි මුළාව ගිය අය -
කවුරුන් හෝ ඒ වස කෑවෝතින්
ඉතා කටුක වෙයි එතකොට තමන්ගෙ ඉරණම -
එයින් මරණෙට පත්වෙනවා ඒ හැම

(3)

හොඳ නුවණින් විමසාගෙන කටයුතු කළ අය -
නොකා සිටින විට ඒවා වසවිස බව දැන
මී වද කා දුක් විඳ විඳ ඉන්නා අය මැද -
නිදුක් නිරෝගිව සුවසේ සිටිනව ඒ අය
ඒ විෂයෙන් සිය ඇඟපත දැවෙනා අය මැද -
නිවී ගිය සිරුරැ ඇතිව සිටිනව ඒ අය

(4)

මිනිස් ලොවේ තියෙනා මේ පංචකාම හැම -
විස දමා තැනින් තැන තියෙනා මී වද විලසින
ආමිසයෙන් ඇදබැඳගෙන දුකට ම ගෙන යන -
මාරයා වැනි ය සිරුර නමැති ලෙන තුළ නිවසන

(5)

පස්කම් සැපයට ආශා කොට දුක් විඳ විඳ
- ඒ මත්තේ හැපී එහි ම ලෙඩ වූ අය මැද
යමෙක් බැහැර කළ විට පස්කම් සැපට තියෙන පෙම
- නිදහස් වී යනවා ඒ අය නිවනට අම

මෙය වදාළ භාග්‍යවතුන් වහන්සේ චතුරාර්ය සත්‍ය ධර්මය දේශනා කොට වදාළා. මේ දේශනාවේ අවසානයේ සිවුරු හැර යන්නට සිතා සිටි භික්ෂුව සෝවාන් ඵලයට පත් වුනා. මහණෙනි, එදා ගැල්නායකයාව සිට අන් අය බේරාගත්තේ තමා ය කියා භාග්‍යවතුන් වහන්සේ මේ ජාතකය නිමවා වදාළා.

07. සාලිය ජාතකය

දරුවන් රවටා මරන්ට උත්සාහ කළ කපටි වෙදාගේ කතාව

පින්වතුනේ, පින්වත් දරුවනේ,

නිකරුණේ අනුන්ව කරදරේ හෙළා ඒ තුළින් තමන්ගේ පැවැත්ම ගෙනියන්ට හිතන අය අදත් ලෝකයේ ඉන්නවා. අපගේ භාග්‍යවතුන් වහන්සේ ජීවමානව වැඩ වසන කාලේ දේවදත්තත් මහන්සි ගත්තේ එවැනි දෙයකටයි. නමුත් ඔහුගේ එක උත්සාහයක්වත් සාර්ථක වුනේ නෑ.

දම්සභා මණ්ඩපයේ රැස්වූ භික්ෂූන් වහන්සේලා දේවදත්තගේ මේ ලාමක ක්‍රියාකලාපය ගැන කතා කරමින් සිටියා. ඒ අවස්ථාවේ අපගේ භාග්‍යවතුන් වහන්සේ එතැනට වැඩම කොට වදාළා. භික්ෂූන් වහන්සේලා තමන් කතා කරමින් සිටි කරුණ භාග්‍යවතුන් වහන්සේට සැළකළා. භාග්‍යවතුන් වහන්සේ මෙසේ වදාළා.

"මහණෙනි, මොහු මාව නසන්ට මහන්සි ගත්තේ මේ ආත්මේ විතරක් නොවේ. මීට කලින් ආත්මෙකත් මාව විනාශ කරන්ට සිතූ නමුත් එය අසාර්ථක වුණා" කියා මේ අතීත කතාව ගෙනහැර දක්වා වදාළා.

"මහණෙනි, ගොඩාක් ඉස්සර කාලෙක බරණැස්පුරේ බ්‍රහ්මදත්ත නම් රජ්ජුරුකෙනෙක් රාජ්‍ය කරමින් සිටියා. ඔය කාලේ මහාබෝධිසත්වයෝ බරණැස ගමක සාමාන්‍ය පවුලක උපන්නා. කුඩා කාලේ ගමේ කොලු ගැටවුන් එක්ක ගම්දොරකඩ තිබූ නුගරුක් සෙවනේ සෙල්ලම් කරමින් සිටියා. එතකොට එක් සර්පවෙදෙක් ගමේ කිසිම වෙදකමක් කොට කිසිවක් ලබා ගන්ට බැරිව අසරණව යන ගමන් මේ නුග ගස් සෙවනට ආවා. ඇවිත් ගස උඩ යට විමසා බලද්දී නුග අතු අතර හිස විතරක් එළියට දාගෙන නිදා සිටින සර්පයෙකුව දැක්කා. දැකලා මෙහෙම හිතුවා.

'අද මට කිසිම ගණුදෙණුවක් සොයාගන්ට බැරි වුනා. මේ ළමයිව රවට්ටලා අර අතු අස්සේ නිදා සිටින සර්පයා ලවා ළමයින්ට දෂ්ට කරවා ගත්තොත් වැඩේ හරි. එතකොට මට වෙදකම් කරලා ගානක් හොයාගන්ට ඇහැකි' කියා සිතා සෙල්ලම් කරමින් සිටි බෝධිසත්වයන්ට කතා කළා.

"ළමයෝ... ළමයෝ... මෙහෙ එන්ට... ආං... අර... අතන අර නුග ගසේ අතුඅතර නිදා සිටින සැළලිහිණි පැටියාව දැක්කාද. ඌට හරි අගේට ගී ගයන්ට පුළුවනි. හොඳට කතා බස් කරන්ට උගන්වන්ටත් ඇහැකි. ඔයා ගොහින් ආං අර පැටියා නිදාගෙන ඉන්න වෙලාවේ පුළුවන් නම් අල්ලාගන්ට."

එතකොට මේ දරුවා සැළලිහිණියා අල්ලාගන්ට ආසාවෙන් ඉක්මනින් ම නුගරුකට නැගලා හයියෙන් ඔලුවෙන් අල්ලා ගත්තා. එතකොටයි දන්නේ සර්පයෙක් කියලා. දරුවා ඒ සර්පයා තමන්ට දෂ්ට කරාවි කියන භයට

අතහැරියේ නෑ. එහෝම ඇදලා අරගෙන වේගයෙන් බිමට අතෑරියා. එතකොට ගස යට සිටි වෙදාගේ බෙල්ලටයි සර්පයා වැටුනේ. භයටත් එක්ක සර්පයා එකපාරටම වෙදාගේ බෙල්ලේ එතී බෙල්ල හපාගෙන හපාගෙන ගියා. ඊට පස්සේ ඔහුගේ ඇඟෙන් බැස කැලෑවට බඩගාගෙන ගියා. වෙදා එතැන ම මැරුනා. මිනිස්සු දුවගෙන ආවා. එතකොට බෝධිසත්වයෝ මිනිසුන්ට ගාථාවලින් මෙය පැවසුවා.

(1)

විසඝෝර සර්පයා මයින පැටියෙකියි කියා
- පොඩි දරුවන්ව රවට්ටා
පොඩි දරුවෙකු නුග රුකට නංගවා
- සර්පයාව ගන්ට සලස්සා
දෂ්ට කරවා ළමයිව සර්පයා ලවා
- එයින් යැපෙන්නට සිතූ
කපටි වෙදා සර්පයා ම දෂ්ට කිරීමෙන්
- මරණයට පත් වුනා

(2)

අනුන්ට හිංසා නොකරන පහර නොදෙන
- යහපත් උදවිය නසන්ට
යමෙක් කැමති වෙනවා නම්
- ඒ අයටත් මේ ටික ම යි වෙන්නේ
අනුන්ව මරවන්ට ගොසින් දැන් තමා මැරී
- වැටී දිගා වෙලා සිටින්නේ

(3)

අනුන්ට හිංසා නොකරන, ඝාතනය නොකරන
- යහපත් උදවිය නසන්ට

යමෙක් කැමති වෙනවා නම්
- ඒ අයටත් මේ ටික ම යි වෙන්නේ
අනුන්ව මරවන්ට ගොසින් දැන් තමා මැරී
- වැටී දිගා වෙලා සිටින්නේ

(4)

තමා දෙසට සුළං හමා එන විට වේගෙන්
- කෙනෙක් උඩට දැම්මොත් ඒ දෙසට පස් මිටක්
ඒ දූවිලි පිටත නොයා එන්නෙ තමා දෙසට ම යි
- මේ වෙදත් වැනසුනේ ඒ ලෙසට යි

(5)

වරදක් නැති පිරිසිදු සිත් තියෙන කෙනෙකුට
- නිකරුණේ ම වෛර බැඳන් අයෙක් සිටි විට
අසත්පුරුෂයා එලෙස හිංසා කළ විට
- ඔහු කරා ම එනවා ඒ පව නිසි කලට
තමා වෙතට එන සුළඟට දූවිලි දැමුවොත්
- තමා වෙතට ඒ දූවිලි එනවා හනිකට

මේ ආකාරයට බෝසත් දරුවා අවට රැස්වූ මිනිසුන්ට කරුණු පහදා දුන්නා.

මහණෙනි, එදා කපටි වෙදා වෙලා සිටියේ දේවදත්ත. නුවණැති දරුවා වෙලා සිටියේ මම යි” කියා භාග්‍යවතුන් වහන්සේ මේ ජාතකය නිමවා වදාළා.

08. තචසාර ජාතකය

උණදඬුවල දරුවන් බැඳගෙන රජුට දැක්වූ කතාව

පින්වතුනේ, පින්වත් දරුවනේ,

දවසක් දම්සභා මණ්ඩපයේ රැස්වූ භික්ෂූන් වහන්සේලා අපගේ භාග්‍යවතුන් වහන්සේගේ පුදුම සහගත නුවණ ගැන කතා කරමින් සිටියා. ඒ අවස්ථාවේ අපගේ භාග්‍යවතුන් වහන්සේ එතැනට වැඩම කොට වදාළා. භික්ෂූන් වහන්සේලා තමන් කතා කරමින් සිටි කරුණ භාග්‍යවතුන් වහන්සේට සැලකළා. භාග්‍යවතුන් වහන්සේ මෙසේ වදාළා.

"මහණෙනි, තථාගතයෝ සම්මා සම්බුද්ධත්වයට පත් වී සිටින මේ ආත්මයේ ප්‍රඥාවන්තව මහානුවණින් යුක්තව සිටීම පුදුමයක් නොවේ. මීට කලින් බෝධිසත්ව කාලෙත් වහා වැටහෙන නුවණින් යුක්ත වුනා.

එතකොට භික්ෂූන් වහන්සේලා භාග්‍යවතුන් වහන්සේගේ නුවණ ගැන කියවෙන ඒ අතීත කතාව කියාදෙන්ට කියා භාග්‍යවතුන් වහන්සේගෙන් ඉල්ලා සිටියා. භාග්‍යවතුන් වහන්සේ මේ අතීත කතාව ගෙනහැර දක්වා වදාළා.

"මහණෙනි, ගොඩාක් ඉස්සර කාලෙක බරණැස්පුරේ බ්‍රහ්මදත්ත නම් රජ්ජුරු කෙනෙක් රාජ්‍ය විචාරමින් සිටියා. ඔය කාලේ මහාබෝධිසත්වයෝ බරණැස සාමාන්‍ය පවුලක ඉපදිලා සිටියේ. දවසක් මොහු දරුවන් සමඟ නුගරුක් සෙවනේ සෙල්ලම් කරමින් සිටියා. එදාත් කපටි සර්ප වෙදෙක් ඇවිත් නුගරුකේ සිටිය සර්පයාව මයින පැටියෙක් ය කියා ළමයෙක් ලවා ගන්ට හැදුවා. එදා බෝධිසත්වයෝ සර්පයා බව නොදැන ගසට නැග හිසෙන් අල්ලා ගනිද්දියි දැනගත්තේ සර්පයෙක් ය කියා. එතකොට ඔහු ඉක්මනින් ම සර්පයා ව පැත්තට වීසි කළා. සර්පයා වැටුනේ වෙදාගේ ඇඟටයි. බෙල්ලේ එතුනු සර්පයා වෙදාට දෂ්ට කළා. වෙදා එතැනම මැරී වැටුනා.

එතකොට මිනිස්සු දුවගෙන ඇවිත් මෙහෙම කියන්ට ගත්තා. "හාපෝ... මේ ළමයිගේ මොකාක් හරි උප්පරවැට්ටියකින් තමා මේ වෙද්දු මැරෙන්නේ. ඔයිට කලිනුත් සර්පයෙක් දෂ්ට කරලා වෙදෙක් මළා. අදත් මළා. මේ නිකං මරණ නොවෙයි. මේ කොලු ගැටව් මේක කතා වෙලා කරන්නේ. හිටපියව් තොපිට... අපි තොපිව රජ්ජුරුවන්ට අල්ලා දෙනවා" කියා මිනිස්සු එතැන සෙල්ලම් කළ සියලු ළමයිව උණදඬුවල අත් බැඳ ගැසුවා. රජ්ජුරුවන්ට පෙන්නා දඬුවම් දෙන්ට ඕනෑ කියා බරණැසට අරගෙන ගියා. පොඩි දරුවන් හොඳටෝම භය වෙලා තැති අරගෙන සිටියා.

එතකොට බෝධිසත්වයෝ තම යහළුවන්ට මෙහෙම කිව්වා. "යාළුවනේ, කිසිම දේකට භය වෙන්ට එපා. දැන් අපිව රජ්ජුරුවෝ ගාවට එක්කරගෙන

යනවා නොවැ. ඔයාලා පොඩ්ඩක්වත් භය නොවී සතුටු මුහුණින් ඉන්ට. අපි හිතාමතා වැරැද්දක් කළේ නෑනේ. රජ්ජුරුවෝ මගෙන් නොවැ ඉස්සෙල්ලාම අසන්නේ. මං බලාගන්නම්කෝ." පොඩි අය එතකොට සතුටු වුනා. භයක් නැතිව ප්‍රීතියෙන් සිටියා.

රජ්ජුරුවෝ ඉදිරියට ළමයින් රැගෙන ගිහින් මේ ළමයි මිනීමරන බවට චෝදනා කර සිටියා. රජ්ජුරුවෝ මෙහෙම සිතුවා. 'ම්ම්... මේ මිනිස්සු නම් කියන්නේ මේ කොලුගැටව් මිනිස්සු මරනවා කියලයි. මේ ළමයින් භය වී ඉන්න පාටක් පේන්ට නෑ නොවැ. සතුටින් ඉන්නෙ. ඉතින් එහෙම තියෙද්දී මේ ළමයිව මේ උණදඬුවල බැඳගෙන ආවේ ඇයි? මෙයාල භයක් ශෝකයක් නැතිව ඉන්නේ කොහොමෙයි කියා අසන්ට ඕනෑ' යි සිතූ රජු මේ ගාථාව පැවසුවා.

(1)

දැන් තොප මෙහි ඉන්නෙ ළමයිනේ
- සතුරන්ගේ අතට පත්වෙලා
පැනලා දුව යාගන්නට බැරි සේ
- උණ දඬුවල අත් පා බැඳලා
එනමුත් තොප සතුට පිරුණු
- මුහුණු ඇතිව හිනැහී ඉන්නේ
බියක් ශෝකයක් නොමැතිව
- මේ වෙලාවෙ කොහොමද ඉන්නේ

රජ්ජුරුවන්ගේ මේ ගාථාවට පිළිතුරු වශයෙන් බෝධිසත්වයෝ මේ ගාථාවන් පැවසුවා.

(2)

ශෝක වෙලා හඬා වැලපිලා -
අල්ප සෙතක්වත් ලබන්ට බැරි බව දන්නේ
මෙවුන් භය වෙලා දුකට පත් වෙලා -
දැන් හොඳටම ශෝක කරනවා කියා
ශෝක කරන අය දිහා බලා -
සතුටු වෙන්නේ සතුරෝ විතරයි

(3)

කරුණු කාරණා හොඳහැටි දන්න නැණවතා
- කරදරයට පත් වූ විටක
කම්පාවක් නොවී හොඳින් සිතා බලනවා
- ශෝක නොකර ඉන්නවා
ඔවුන් ඉන්න විට පෙර ලෙස පියකරු මුහුණින්
- එය දැක දුක් වෙනවා සතුරෝ

(4)

මන්තර මතුරා ඇතැම් ප්‍රශ්න දිනිනවා
- සාකච්ඡාවෙන් ඇතැම් ගැටළු ලිහෙනවා
යහපත් වදනින් නොසිතූ ලෙස විසඳෙනවා
- මුදල් ලබා දී ඇතැම් ප්‍රශ්න දිනිනවා
කුලගොත් පවසා මිතුරන් හදාගන්නවා
- යම් විටකදි කළ යුත්තේ යම් ලෙසකින් නම්
ඒ ඒ තැන සුදුසු පරිදි වැඩ කරන්ට
- නැණවතා දන්නවා

(5)

මං හෝ වෙන කවුරුන් හෝ යහපත් ලෙසට
- ගියොත් යමක් විසඳාලන්ට
යහපත උදෙසා කිසිවක් - බැරි වුනොත් කරන්ට

කර්මය නම් දැඩි දෙයක් ය
- දැන් මං කුමක් කරන්ට ද කියා
ශෝක නොකොට එන දේකට මුහුණ දී
- ඉවසීමෙන් යුතුව ඉන්නවා

බෝධිසත්ව දරුවාගේ මේ ලස්සන ගාථාවන් ඇසූ රජ්ජුරුවෝ මිනිසුන් කරන මේ චෝදනාව අසත්‍ය බව තේරුම් ගත්තා. ළමයින්ගෙන් සත්‍ය දැනගත්තා. සියලු දෙනාම නිදොස් කොට නිදහස් කළා. බෝධිසත්වයන්ගේ නුවණ ගැන වඩාත් පැහැදී රජ්ජුරුවන්ගේ අර්ථධර්මානුශාසක අමාත්‍ය පදවියට මේ දරුවාව පත් කරගත්තා. බොහෝ යස ඉසුරු දුන්නා. අනිත් දරුවන්ටත් යස ඉසුරු දී සුදුසු පරිදි තනතුරු දුන්නා.

මහණෙනි, එදා බරණැස් රජ්ජුරුවෝ වෙලා සිටියේ අපගේ ආනන්දයෝ. එදා දරුවන්ව සිටියේ අපගේ ස්ථවිර භික්ෂූන්. නුවණැති දරුවා වෙලා සිටියේ මම ය කියා භාග්‍යවතුන් වහන්සේ මේ ජාතකය නිමවා වදාළා.

09. මිත්තවින්දක ජාතකය

සෑහීමට පත් නොවූ තණ්හාව නිසා නැසී ගිය මිත්තවින්දකගේ කතාව

පින්වතුනේ, පින්වත් දරුවනේ,

අකීකරුකම නිසා අද පවා ගොඩාක් අයගේ ජීවිත වැනසී යනවා. මෙයත් එබඳු කතාවක්.

ඒ දිනවල අපගේ භාග්‍යවතුන් වහන්සේ වැඩ වාසය කොට වදාළේ සැවැත්නුවර ජේතවනයේ. ඔය කාලේ එක්තරා තරුණයෙක් ජේතවනයට ඇවිත් ගෞතම බුදු සසුනේ උතුම් පැවිද්ද ලබා ගත්තා. ටික දවසක් ගියාට පස්සේ මේ භික්ෂුව තමන්ගේ ආචාර්ය උපාධ්‍යායන් වහන්සේලාගේ වචනයට ඇහුම්කන් දුන්නේ නෑ. වැඩිහිටි භික්ෂූන් වහන්සේගේ වචනය ගණන් ගත්තේ නෑ. තමන්ට හිතුමනාපෙට ජීවත්වෙන්ට පටන් ගත්තා. අවවාද දෙන්ට කවුරුන් හෝ කතා කළොත් ඒ භික්ෂුවගේ ඇඟට කඩා පනිනවා.

එතකොට භික්ෂූන් වහන්සේලා මේ භික්ෂුව භාග්‍යවතුන් වහන්සේ ළඟට අකැමැත්තෙන්ම අරගෙන ගියා. භික්ෂූන් වහන්සේලා මේ භික්ෂුව අකීකරු දුර්වච කෙනෙක් ය කියා සැළකොට සිටියා. "හැබෑද භික්ෂුව... ඔබ කාගෙවත් වචන නොපිළිගන්නා දුර්වච කෙනෙක්

ද?" කියා භාග්‍යවතුන් වහන්සේ අසා වදාළා. "එසේය ස්වාමීනී" කියා මොහු පිළිතුරු දුන්නා. එතකොට භාග්‍යවතුන් වහන්සේ මෙසේ වදාළා. "භික්ෂුව... ඔබ කලින් ආත්මෙත් කාටවත් අවනත වුනේ නෑ. තමන්ගේ මතයේ ම ජීවත් වූ කෙනෙක්. නුවණැත්තන්ගේ වචනය නොඅසා කටයුතු කොට අන්තිමේදී උස්සද නිරයේ උරචක්‍ර මාලාව දමාගෙන මහා දුකකට පත්වුනා" කියා මේ අතීත කතාව ගෙනහැර දක්වා වදාළා.

"මහණෙනි, අතීතයේ තථාගත අරහත් කාශ්‍යප සම්බුදුරජුන්ගේ කාලයේ බරණැස්නුවර මිත්තවින්දක නමින් මහා ධනවත් සිටුපුත්‍රයෙක් සිටියා. මොහුගේ මව් - පිය දෙන්නා ම සෝවාන් ඵලයට පත් ආර්යශ්‍රාවකයෝ. නමුත් මොහු ශ්‍රද්ධාවක් නැති, සීලයක් නැති හිස් පුද්ගලයෙක්. දවසක් මොහුගේ මව් මොහුට කහවණු දහසක් දෙන පොරොන්දුවට වෙහෙරට ගොසින් බණ අසා එන්ට කීවා. මොහු උදේ ආහාර අනුභව කොට සවස් වන තුරු විහාරයේ දවස ගෙවා ගෙදර ගිහින් කහවණු දහස අරගෙන වෙළඳාමක් පටන් ගත්තා. ටික කලකින් කහවණු විසිදහසක් උපයා ගත්තා.

ඊට පස්සේ මොහු නැව් නැග වෙළඳාම් පිණිස විදේශ රටකට යන්ට සූදානම් වුනා. එකම පුතා නිසා සිටුපවුලේ සියලු ධනය මොහුට නිසා විදේශ ගමන් නොයන ලෙස මව් බලකර සිටියා. මවගේ වචනය නොපිළිගෙන යන්ට සූදානම් වෙද්දී "අනේ පුතේ යන්ට එපා" කියා මව් මේ පුද්ගලයාගේ අතින් ඇද්දා. එතකොට අත ගසා දමා තම මව්ට පහර දී පෙරලා දමා නැව් නැග පිටත්ව ගියා.

නැව මුහුද මැද නැවතුනා. මේ නැවේ කවුරුහරි පව්කාරයෙක් ඇති. ඒකාව සොයා ගන්ට ඕනෑ කියා නැව් කප්පිත්තා තුන්ඩු ඇද්දා. තුන් වතාවේ ම ඒ තුන්ඩුව ඇදුනේ මේ මිත්තවින්දකටයි. එතකොට නැව් කප්පිත්තා මොහුට පහුරක් දී මුහුදට බැස්සුවා. එසැණින් නැව පිටත්ව ගියා.

මොහු පහුරේ නැගී පා වෙවී යද්දී පළිගු විමානයකට පැමිණියා. එහි විමාන ප්‍රේතියන් සතර දෙනෙක් සිටියා. ඒ ප්‍රේතියන් සතියක් සැප විඳිනවා. සතියක් දුක් විඳිනවා. මොහු ඔවුන්ගේ සැප විඳින සතියේ ඔවුන් සතර දෙනා සමඟම පවුල් කෑවා. දුක් විඳින සතිය ආවා. එතකොට මොහු පහුරේ නැග ආයෙමත් මුහුදේ පාවී ගියා.

ඊට පස්සේ මොහු රිදී විමානයකට ආවා. ඒ රිදී විමානේ ප්‍රේතියෝ අට දෙනෙක් සිටියා. මොහු ඔවුන් අටදෙනා සමඟම පවුල් කෑවා. එතනිනුත් සෑහීමකට පත් නොවී මොහු ඊළඟට මැණික් විමානයකට සේන්දු වුනා. ඒ මැණික් විමානේ ප්‍රේතියෝ දහසය දෙනෙක් උන්නා. මොහු ඒ දහසය දෙනාම සමඟ එකට ජීවත් වුනා. මොහුගේ ආශාව තව තවත් වැඩි වුනා.

ඊට පස්සේ මොහු රන් විමානයකට සේන්දු වුනා. ඒ රන් විමානේ ප්‍රේතියෝ තිස්දෙකක් ඉන්නවා. මොහු කාම උමතුවෙන් යුක්තව ඒ ප්‍රේතියෝ තිස් දෙන්නා එක්කම කාම සේවනය කළා. මොහුගේ ආශාව තවත් වැඩි වුනා. එතකොට මොහු එතැනින් නික්මිලා පහුරේ පාවී යද්දී ප්‍රාකාරයෙන් වට වී ඇති නගරයක් දැක්කා. ඒ උස්සද නිරයයි. මෙතැනත් මට ගොඩාක් ස්ත්‍රීන් ලැබේවි

කියා ඉහවහා ගිය කාම උමතුවෙන් නගරයට ඇතුළු වුනා. මොහුට මේ නිරය පෙනුනේ නගරයක් වගේ.

'හරි... මං මෙහේ රජකොම ගන්නවා' කියා වටපිට බලද්දී එතකොට එක්තරා නිරිසතෙක් ඛුරචක්‍රයක් හිසේ වැටී මහත් දුකින් හඬ හඬා සිටියා. ඛුරචක්‍රය කියන්නේ දැලිපිහිය වගේ තියුණු වහා කැපෙන රවුම් වළල්ලක්. එය නිරිසතාගේ හිසේ තදට හිර වී තිබෙනවා. එය කර්ම විපාකය අවසන් වන තුරු ගැලවෙන්නේ නෑ. මේ නිරිසතා මරලතෝනි දෙන එක මිත්තවින්දකට ඇසුනේ මධුර වූ ගී රාවයක් ලෙසයි. මොහු දෙස බලද්දී පෙනුනේ නෙලුම් මල් මාලාවක් හිස මත පැළඳ සිටින බවයි.

එතකොට මොහු එතැනට ගියා. "ෂා! හරි අගෙයි නොවැ. මටත් ඔවැනි මාලයක් ගන්ට බැරිද!"

"මොනවා... අයියෝ මේක ඛුරචක්‍රයක්!"

"හනේ... බොරු නොකියා ඉන්ට. ඔහේ මොකෝ ඉරිසියා ද මෙවැනි ලස්සන මාලයක් මං හිස පැළඳ ඉන්නවාට?"

එතකොට නිරිසතාට මෙහෙම සිතුනා. 'හෝ මගේ කර්ම විපාකය ඉවරයි වගේ. මොහුත් මං වගේ මව්ට පහර දීපු කෙනෙක් වෙන්ටැ. ඔව්... අනේ මං ඉක්මනින් ම දෙන්ට ඕනෑ" කියා හිස මත තිබූ ඛුරචක්‍රය අල්ලපු ගමන් ගැලවුනා.

"හා... හා... එන්න... එන්න... මේක එහෙනම් ඔයා ගන්ට" කියා මිත්තවින්දකට දෙන්ට සූදානම් වුනා. එතකොට මිත්තවින්දක හිනැහි හිනැහි හිස පාත් කළා. හිස මත තිබ්බා විතරයි "අයියෝ මේක මට එපා... අයියෝ...

මේක අරගනින්" කියා කෑ ගැසුවා. කර්මවිපාකය අවසන් වූ ඒ නිරිසතා එතැනින් නොපෙනී ගියා.

එදා මහාබෝධිසත්වයෝ දේවපුත්‍රයෙක් ව ඉපදිලා කර්මානුරූපව සත්වයන් දුක් විඳින ආකාරය දකින්ට උස්සද නිරයේ නිරිසතුන් දකින්ට ගොස් සිටියා. දිව්‍ය පුත්‍රයාව දැකගත් මිත්තවින්දක හඬ හඬා මේ ගාථාව පැවසුවා.

(1)

අනේ දෙවියනේ මං ඔබතුමන් හට
- මොන වරදක් කළා ද මේ දුක දෙන්ට
මා අතින් කවර පාපය උනාට ද
- මෙලෙසින් මහා දුක් විඳ විඳ වැලපෙන්ට
අයියෝ තියුනු දැලිපිහි ඇති වළල්ල
- නොනැවතී ම මයෙ හිස මත කැරකෙනවා
ඉවසා ඉන්ට බෑ මගෙ හිස පුපුරනවා
- අවසානයක් නැති මේ දුක විඳවනවා

මිත්තවින්දකගේ මේ ගාථාව ඇසූ බෝධිසත්වයෝ මේ ගාථාවෙන් පිළිතුරු දුන්නා.

(2)

ඇයි තොප පළිඟු විමනක රිදී විමනක
- මැණික් විමනක රන් විමානෙක
විනෝද වුනා නේ කම්සුවය විඳ විඳ
- ඒවා අතැර ඇයි මේ නිරයට ආවේ

බෝධිසත්වයන්ගේ ගාථාව ඇසූ මිත්තවින්දක මේ ගාථාවෙන් පිළිතුරු දුන්නා.

(3)

අනේ දෙවියනේ මං විඳි සැපට වඩා
- විඳින්ට වැඩි සැපය මෙහි තියේවී කියලා
කාම උමතුවෙන් මගෙ සිත අන්ධ වෙලා
- ආවා නොවැ මෙහෙට මං සිත මුලාවෙලා
මා දෙස බලනු මැන විඳිනා හැටි මෙදුක
- වැඩි සැප සොයන්නට ඇවිදින් විඳින දුක

එතකොට බෝධිසත්වයෝ මේ ගාථාවලින් පිළිතුරු දුන්නා.

(4)

ගැණු සිව් දෙනෙක් ලැබී සෑහීමට පත් නොවී -
දෙවනුව අට දෙනෙක් ලැබී සෑහීමට පත් නොවී
තෙවනුව දහසයක් ලැබී සෑහීමට පත් නොවී -
සිව්වෙනුව තිස් දෙකක් ලැබී සෑහීමට පත් නොවී
තව වැඩිපුර සැප සොයා -
දමාගත්ත නේද හිසේ බුරචක්‍රය
තණ්හාවෙන් වැනසුන පුරුෂයාගෙ හිස මත -
දැන් දැළිපිහි වළල්ල කැරකේ

(5)

මිත්තවින්දකය එහෙනම් අසාගන්ට මෙය -
තණ්හාවේ සීමාවක් සොයාගන්ට බෑ
එය තව තව පුළුල්ව පැතිරෙනවා -
මහ සයුර වගේ කිසිදා පුරවන්නට බෑ
දකින, අසන, සිඹිනා, රස විඳින -
පහස ලබන හැම තැන තණ්හා පැතිරෙනවා
එයට ම ගිජු වී දිගට ම යන්ට ගියොත් -
ඔහුගේ හිස මතට බුරචක්‍රය වැටෙනවා

බෝධිසත්වයෝ මිත්තවින්දක සමඟ කතා කරමින් සිටියදී ඒ චක්‍රය ඔහුගේ හිසමත කැරකි කැරකී පහළට බැස්සා. එතකොට ඔහුට කතා කරන්ට බැරිව ගියා. බෝධිසත්වයෝ තමන් සිටි දෙව්ලොව ගියා.

මහණෙනි, එදා මිත්තවින්දක වෙලා මහා දුක් වින්දේ මේ දුර්වච භික්ෂුව. දිව්‍ය පුත්‍රයාව සිටියේ මම යි" කියා භාග්‍යවතුන් වහන්සේ මේ ජාතකය නිමවා වදාළා.

10. පලාස ජාතකය

එරබදු ගස බිඳ දැමූ නුග ගසේ කතාව

පින්වතුනේ, පින්වත් දරුවනේ,

නරක දෙයක් සුළුවෙන් පුරුදු වුනත් නරකක් ම යි. එය මහා භයානක අනතුරක ආරම්භයක්. අකුසල් වුනත් එහෙම තමා. සිතේ ඉස්සෙල්ලාම ඇති වෙන්නේ සුළුවෙන්. අපි ඒ ගැන ගණන් නොගෙන නොසලකා සිටියොත් තමාත් නොදැනීම ඒ අකුසලය බලවත් වෙලා තියෙන කුසල් වනසාගෙන විනාශය කරා ගෙනියනවා. මේ එබඳු කතාවක්.

ඒ දිනවල අපගේ භාග්‍යවතුන් වහන්සේ වැඩ වාසය කොට වදාළේ සැවැත්නුවර ජේතවනයේ. ඔය කාලේ ජේතවනයේ සිටි එක්තරා භික්ෂුවක් පිඬු සිඟා යද්දී අලංකාර වස්ත්‍රයකින් සැරසී සිටි පියකරු ස්ත්‍රියක් දැක්කා. දැකලා මේ දර්ශනය සුභ වශයෙන් මෙනෙහි කරන්ට ගත්තා. එතකොට ඒ භික්ෂුවට සිත කුසලයට ගන්ට අපහසු වුනා. ඒ ගැනම සිතීම නිසා දානෙ වළඳින්ටත් පිරියක් නැතිව ගියා. නින්ද යාම නැති වුනා. මේ ගැන කල්පනා කොට ඉතාමත් කෘශ වෙලා ගියා. අන්තිමේදී සිවුරු හැර යන්ට කල්පනා කළා.

එතකොට වැඩිහිටි භික්ෂූන් වහන්සේලා ඒ භික්ෂුව

අකැමතිව සිටියදී භාග්‍යවතුන් වහන්සේ වෙත කැඳවා ගෙන ගියා. ඒ භික්ෂුවගෙන් කරුණු විමසා වදාළ අපගේ භාග්‍යවතුන් වහන්සේ එතැන සිටි පන්සියයක් භික්ෂූන් අමතා මෙසේ වදාළා.

"මහණෙනි, මේ බිහිසුනු සසරෙන් පැනගන්ට කැමැති භික්ෂූන් නිතරම කල්පනාවෙන් ඉන්ට ඕනෑ. හිතේ කෙලෙස් ඇති වූ සැණින් ම මෙය නම් මාව මහා විනාශයකට පමුණුවන දෙයක් වෙන්ට ඉඩ තියෙනවා කියා ඒ කෙලෙස් ගැන සැක කරන්ට ම ඕනෑ. එය සතුටින් පිළිගෙන ආශ්වාදයෙන් මෙනෙහි කිරීම කරන්ට ම නරකයි. එය කුඩා සිතිවිලි මාත්‍රයක් වෙන්ට පුළුවනි. නමුත් එරබදු ගස වැනසූ කුඩා නුගය වගේ මහා විනාශයක් ඇති කරන්ට ඉඩ තියෙනවා. ඉස්සර හිටිය නුවණැත්තෝ සැක කළ යුතු දේ සැක කළ යුතු ම දෙයක් වශයෙන් සැලකුවා" කියා මේ අතීත කතාව ගෙනහැර දක්වා වදාළා.

"මහණෙනි, ගොඩාක් ඉස්සර කාලෙක බරණැස්පුරේ බ්‍රහ්මදත්ත නමින් රජ්ජුරු කෙනෙක් රාජ්‍ය කරමින් සිටියා. ඔය කාලේ මහාබෝධිසත්වයෝ ස්වර්ණහංස යෝනියේ ඉපදිලා වියපත් වුනාට පස්සේ චිත්‍රකූට පර්වතේ රන්ගුහාවේ වාසය කළා. ඔය දවස්වල හිමාලයේ ඉබේ හටගත් විලක ඉබේ හටගත් ඇල් හාල් හොඳට වැඩී තිබුනා. මේ ස්වර්ණහංසයා එතැනට ඇවිත් ඒවා කාලා තමයි රන්ගුහාවට එන්නේ.

හංසයා පියාඹා එන අතරමග වනයේ මහා එරබදු ගසක් තිබුනා. ඒ ගස මත වසා විවේක ගන්නවා. ඊට පස්සේ අර විලට ගොහින් ඉන්නවා. ආපසු චිත්‍රකූටයට

යන අතරේත් ඒ එරබදු ගස මත ලගිනවා. මේ එරබදු වෘක්ෂය විමානය කරගත් වෘක්ෂදේවතාවෙක් ඉන්නවා. මේ දේවතාවා සමඟ හංසයාගේ මිත්‍රත්වයක් ඇති වුනා.

කලක් ගත වෙද්දී එක්තරා කිරිල්ලියක් නුග ගෙඩි කාලා ඇවිත් එරබදු ගසේ වසා සිටියා. ඈ අතුපතරේ සිටියදී හෙලූ වර්චස් පිඩක් එරබදු ගසේ කරුවක රැඳුනා. එතැනින් ඉතා කුඩා නුග පැලයක් පැන නැංගා. අඟල් තුනහතරක් උසට තිබූ ඒ නුග පැලේ රෝස පාටින් අංකුර දලු ලියලා තිබුනා. හංස රාජයා මෙය දැක්කා. දැකලා වෘක්ෂ දේවතාවාට මෙහෙම කිව්වා.

"මිත්‍රයා... මට අනාගතේ වෙන්ට පුළුවන් භයානක අනතුරක් පේනවා... ආං බලන්ට... අර අතන කරුවේ හීනියට නුග පැලයක් මතුවෙලා... ඔය නුග කියන ජාතිය යම් ගසක පැලවුනොත් එය වැඩෙන්නේ ඒ මුල් රුක නසාගෙනයි. මං ඔබට කරුණක් කියන්නම්. ඔය පැලය වැඩෙන්ට දෙන්ට එපා. නැත්නම් ලොකු වුනාම ඔබේ විමානය වැනසී යාවි. වේලාසනින් ම ඕක උදුරලා දමන්ට. සැක කළ යුතු දේ සැක කරන්ට ම ඕනෑ" කියා ඒ එරබදු ගසේ දේවතාවාට මේ ගාථාව පැවසුවා.

(1)

අන්න යාළුවේ ඔබගේ විමානය මත -
පුංචි නුග රුකක් පැලවී හැඩට තියෙනවා
ඔබෙ ඇකයේ ඔය නුගරුක ඉන්ට ගියෝතින් -
එය හෙම්හිට ලොකු මහත් වෙලා
මේ විමානයේ අතු ඉති කඳ නසා දමාවි -
එයින් ම ඔබ වැනසී යාවී

එතකොට එරබදු රුකේ දේවතාවා බෝධිසත්වයන්ගේ අවවාදය ගණනකට ගත්තේ නෑ. මේ ගාථාවෙන් පිළිතුරු දුන්නා.

(2)

අනේ සිඟිති නුගරුක ගැන මට භයක් නැතේ
- ඔය නුගරුක හොඳින් වැඩේවා
මාත් මවක් පියෙක් වගේ
- මේ නුගයට පිහිටක් වෙනවා
එතකොට මේ නුගය වැඩී
- වයසක මව්පියන්ට පිහිට සදන
දරුවෙකු සේ මට පිහිට සදාවී

එතකොට හංසරාජයා දෙවියාගේ ඒ අදහසට එකඟ වුනේ නෑ. නැවතත් දෙවියාට අවවාද වශයෙන් මේ ගාථාව පැවසුවා.

(3)

මිතුර ඔබට නැවතත් මා මෙය පවසන්නේ
- ඔබගේ ඔය ඇකයේ වැඩෙනා
ඔය කිරි ගස භයානක බවයි
- මෙය පවසා මා නම් දැන් යන්නට යනවා
නමුත් නුගරුක මෙතැන හැදී වැඩෙනවාට
- මගේ කිසිම කැමැත්තක් නැතේ

හංසරාජයා මෙය පවසා තටු විහිදාගෙන චිත්‍රකූට පර්වතයට ඉගිලී ගියා. එදායින් පසු නැවත ආවේ නෑ. කලක් යද්දී ඒ නුගරුක අතුඉති විහිදී වැඩී ගියා. එතකොට එහි වෙනත් වෘක්ෂදේවතාවෙකුත් උපන්නා. නුගරුක හොඳට උසමහත් වී වැඩෙද්දී එරබදු ගසේ අතු

කඩා වැටුනා. මුළු අතුත් සමඟ දෙවියන්ගේ විමානයත් කඩා වැටුනා. එතකොටයි ඒ දෙවියාගේ අනාගතය දුටු හංසරාජයාගේ කතාව මතක් වුනේ. 'අනේ මං එදා මගේ මිත්‍රයා මට අනුකම්පාවෙන් කියූ දේ නොසලකා හැරි නිසා නේද මේ විපත උනේ' කියා හඬ හඬා මේ ගාථාව පැවසුවා.

(4). සිඟිති කාලෙ මේ රුක දැක
- මං ගොඩක් සතුටු වුනා
උස මහතට විශාල වී දැන්
- මා තුළ බියක් උපදවයි
හංස රජා මහමේරුව වගේ උසට
- කියූ වදන් අයියෝ මං පිළිගත්තේ නෑ
අනේ දැන් මහා භයක් ඇති වුනා
- මගේ සිතට සැනසීමක් නෑ

නුගරුක තව තවත් මෝරා වැඩුනා. අන්තිමේදී එරබදු රුකේ අතු ඉති සියල්ල නැසී ගොස් කණුවක් වැනි කොටසක් පමණක් ඉතිරි වුනා. දෙවියාගේ මුළු විමානය ම නොපෙනී ගියා.

භාග්‍යවතුන් වහන්සේ මේ ගාථා රත්නය වදාළා.

(5). යම්කිසිවක් වැඩෙනා විට -
එයට පිහිට සැදූ තැනත් එයින් නැසේ නම්
එබඳු දෙයක් වැඩී යාම -
නුවණැත්තෝ කිසිදා නොකොළෝය ප්‍රශංසා
අනාගතේ මෙයින් විපත් වේ යැයි සලකා -
ඒ ගැන සැක කළ යුතු ම යි
මුලිනුපුටා එය වනසා දමන්නට යි -
වෑයම් කළ යුත්තේ

මෙය වදාළ භාග්‍යවතුන් වහන්සේ චතුරාර්ය සත්‍ය ධර්මය වදාළා. ඒ ධර්ම දේශනාව අවසානයේ මේ කතාවට සවන් දී සිටි පන්සියයක් භික්ෂූන් වහන්සේලා උතුම් අරහත්වයට පත් වුනා. මහණෙනි, එදා අනතුරු වේලාසනින් දැක වෘක්ෂදෙවියාට අවවාද කළ හංසරාජයාව සිටියේ මම යි" කියා භාග්‍යවතුන් වහන්සේ මේ ජාතකය නිමවා වදාළා.

දෙවෙනි වණ්ණාරෝහ වර්ගය යි.

නමෝ තස්ස භගවතෝ අරහතෝ සම්මාසම්බුද්ධස්ස
ඒ භාග්‍යවත් අර්හත් සම්මා සම්බුදුරජාණන් වහන්සේට නමස්කාර වේවා!

01. දීඝීතිකෝසල ජාතකය

සත්පුරුෂ අවවාදය සිහි කළ රාජකුමාරයාගේ කතාව

පින්වතුනේ, පින්වත් දරුවනේ,

සත්පුරුෂ උතුමන්ගේ අවවාද නිතර සිහි කිරීම තුළ තමන් හිතනවාටත් වඩා ලොකු යහපතක් උදාකරගන්ට පුළුවනි. මේ කතාවෙන් කියැවෙන්නේ එවැනි දෙයක්.

ඒ දිනවල අපගේ භාග්‍යවතුන් වහන්සේ වැඩ වාසය කොට වදාළේ සැවැත් නුවර ජේතවනයේ.

අපගේ භාග්‍යවතුන් වහන්සේ කොසඹෑ නුවර ඝෝෂිතාරාමයේ වැඩ සිටින කාලයේ භික්ෂූන් වහන්සේලා දෙපිරිසක් අතර අසමගියක් හටගත්තා. එයට හේතු වුනේ එක් තෙරනමක් වැසිකිළි ගොස් වතුර ගත් භාජනයේ වතුර ස්වල්පයක් බැරි වීමකින් ඉතිරි කොට පැමිණීමයි. මෙකරුණ විනයට අනුව හොඳ නැති බව කියමින් තව පිරිසක් ඒ මහතෙරනම විවේචනය කළා. එතකොට ඒ මහතෙරුන්ගේ ශිෂ්‍ය භික්ෂූන් අනිත් භික්ෂූන්ට පෙරලා දෝෂාරෝපණය කළා. ඔහොමයි අසමගිය පටන් ගත්තේ.

මෙය දැනගත් අප භාග්‍යවතුන් වහන්සේ ඒ භික්ෂූන්ට සමගියේ අනුසස් වදාරා ඒ ප්‍රශ්නය දිගට නොගෙනියන ලෙස අවවාද කළා. නමුත් ඔවුන් අවවාදය පිළිගත්තේ නෑ. එතකොට භාග්‍යවතුන් වහන්සේ කාටවත් ම නොකියා එතැනින් නික්මී පාරිලෙය්‍ය වනයට වැඩම කළා. පාරිලෙය්‍ය ඇතාගේ උපස්ථාන ලබමින් ඉතා සැපසේ ඒ වනයේ හුදෙකලාව වාසය කළා. භාග්‍යවතුන් වහන්සේට වනගත වෙන්ට කටයුතු සිදු කළේ මේ දබර කරගත් භික්ෂූන් බව හැමෝම දැනගත්තා. එතකොට කොසඹෑ නුවර දන් පැන් දෙන දායක පිරිස කතා වෙලා සියලු භික්ෂූන්ට දන් බෙදීම අත්හිටෙව්වා. දානය නැති වී කුසගින්නේ ඉන්නා විට ඔවුන්ට තමන් පැවිදි වූ කරුණ සිහිපත් වුනා. ගිහියන්ගේ සැලකිලි නැති වී ගිය ගමන් මුල මතක් වුනා. එතකොට ඒ භික්ෂූන් එකිනෙකා සමාව අරගෙන සමගි වුනා. ඒ බව ගිහියන්ට සැලකළා. එතකොට ගිහි පිරිස මෙහෙම කිව්වා.

"තමුන්නාන්සේලා කටයුතු කළ විදිහ ගැන අපට බොහෝම සංවේගදායකයි. තමුන්නාන්සේලාගේ සමගිය පිළිගන්ට අපි සතුටු නෑ. අපි සතුටු වෙන්නේ තමුන්නාන්සේලා හැමෝම සැවැත්නුවර ජේතවනයට ගොහින් තමුන්නේ ශාස්තෘන් වහන්සේ බැහැ දැක වන්දනා කොට සමාව ගත්තොත් පමණයි.

එතකොට ඒ පන්සියයක් භික්ෂූන් වහන්සේලා කොසඹෑ නුවරින් නික්මී සැවැත්නුවර ජේතවනයට පැමිණියා. භාග්‍යවතුන් වහන්සේ බැහැ දැක වන්දනාකොට තමන්ගෙන් සිදු වූ සියලු වරදට සමාව ඉල්ලා සිටියා. ඔවුන්ට සමාව දී වදාළ අපගේ භාග්‍යවතුන් වහන්සේ මෙසේ වදාළා.

"මහණෙනි, ඔබ ලෝකයට ප්‍රතිඥා දෙන්නේ ශාක්‍යපුත්‍ර ශ්‍රමණවරු කියා නේද? ලෝකයා ද ඔබලාව දකින්නේ බුද්ධ පුත්‍රයන් ලෙස නොවේද? එතකොට තමන්ගේ විමුක්තිදායක පියාණන්ගේ අවවාදය නොපිළිගැනීම වටින්නේ නෑ. මහණෙනි, ඔබ අවවාද නොපිළිගත්තත්, ඉස්සර හිටිය නුවණැත්තෝ තමන්ගේ මාපියන්ව මරා රාජ්‍ය පැහැර ගෙන සිටි රජාව වනයේදී හුදෙකලාව තමන්ගේ අතට ම හසු වෙලත් එදා වධක භූමියට යමින් සිටි මාපියන් දුන් අවවාදය සිහිකොට, ඒ අවවාදය මං සිඳින්නේ නෑ කියා ඒ රජාව මැරුවේ නෑ" කියා මේ අතීත කතාව ගෙනහැර දක්වා වදාළා.

"මහණෙනි, ගොඩාක් ඉස්සර කාලෙක බරණැස්පුරේ බ්‍රහ්මදත්ත නමින් රජ්ජුරු කෙනෙක් රාජ්‍ය විචාරමින් සිටියා. ඔය කාලේ දීඝිතිකෝසල නමින් බරණැස් රජු තරම් ධනවත් නැති රජෙක් වාසය කළා. ඔහුගේ රාජ්‍ය වූයේ කොසොල් රටයි. එතකොට මහාධනවත් බරණැස් රජු කොසොල් රට ආක්‍රමණය කළා. දීඝිතිකොසොල් රජු තමන්ට මේ ආක්‍රමණයට මුහුණ දෙන්ට බැරි බව දන්නවා. එනිසා තමන්ගේ දේවියත් රැගෙන වෙස් වලාගෙන කොසොල් රටින් පැන ගියා.

බරණැස බ්‍රහ්මදත්ත කසී රජු කොසොල් රට තමන්ගේ යටතට ගත්තා. ඔය අතරේ සිය රාජධානිය හැර දමා පලාගිය දීඝිතිකෝසල රජුත් බිසොවත් පිළිවෙළින් මග ගෙවාගෙන බරණැසට ආවා. ඈතට වෙන්ට පිටිසර ගමකට ගොහින් පරිබ්‍රාජකයන්ගේ වේශයෙන් වළං හදන නිවසක වාසය කළා.

ටික දවසකින් දීඝිතිකෝසල රජුගේ බිසොවගේ

කුස තුළ දරු ගැබක් පිහිටියා. ඒත් එක්කම දේවියට දොළදුකකුත් හටගත්තා. "අනේ ස්වාමීනී, මට මේං මෙහෙම ආසාවක් ඇති වෙලා තියෙනවා. යුද ඇඳුමෙන් සැරසූ සේනාව මනාකොට කඩු තෝමර ඇතිව සිව්රඟ සේනාවකින් යුක්තව යහපත් බිමක ඉන්නවා දකින්ට ආසයි. ඔවුන්ගේ කඩු සේදූ දිය බොන්ටත් ආසයි."

"අනේ දේවී... මට දැන් මුකුත්ම නෑ නොවැ. දුප්පත් අපි කොහොමද ඔයාගේ ඔය දොළදුක සංසිඳුවන්නේ?"

"අනේ දේවයන් වහන්ස, මගේ අදහස ඉෂ්ට කරගන්ට බැරි උනොතින් මගේ ජීවිතය තියෙන එකක් නෑ."

එතකොට දීඝිතිකෝසල රජු තමන්ට ඉතාමත් ම හිතවත්ව ඉන්නා බ්‍රහ්මදත්ත කසී රජුගේ පුරෝහිත බ්‍රාහ්මණයාව මුණ ගැසෙන්ට හොරෙන්ම ගියා. ගිහින් තමන්ගේ දේවියගේ දොළදුක ගැන කියා හිටියා. එතකොට පුරෝහිත බ්‍රාහ්මණයා මෙහෙම කිව්වා. "දේවයන් වහන්ස, අපිත් කැමතියි දේවින්නාන්සේව දකින්ට" කියලා.

එතකොට දීඝිතිකෝසල රජුගේ බිසොව රහසේ ම පුරෝහිත බ්‍රාහ්මණයාගේ නිවසට ගියා. පුරෝහිත බ්‍රාහ්මණයා දුරදී ම බිසොවුන්නාන්සේ දැක හුනස්නෙන් නැගිට්ටා. බිසොව දිසාවට වන්දනා කරගත්තා.

"අනේ මට බොහෝම සතුටුයි. පින්වත් කොසොල් රජෙක් පිළිසිඳගෙන තියෙනවා. ඒකාන්තයෙන් ම පින්වත් කොසොල් රජෙක් පිළිසිඳගෙන තියෙනවා" කියා උදන් ඇනුවා. ඊටපස්සේ මෙහෙම කිව්වා. "පින්වත් දේවීන්නාන්ස, දුක් වෙන්ට කාරි නෑ. හිරු උදාවෙද්දි යුද ඇඳුමෙන් සැරසුනු සිව්රඟ සේනාවත් දකින්ට ලැබේවි.

ඔවුන්ගේ කඩුසේදූ දියත් බොන්ට ලැබේවි." මෙසේ කියා පුරෝහිත බ්‍රාහ්මණයා දේවියගේ දොළදුක සංසිඳෙව්වා.

දීඝිතිකෝසල බිසොව ටික කලකින් සුන්දර පුත් රුවනක් බිහි කළා. ඒ පුත්‍රයාට දීඝාවු කුමාරයා කියා නම දැම්මා. මේ පුංචි කුමාරයා සුළු කලකින් මහානුවණැතියෙක් වුනා. දවසක් දීඝිතිකෝසල නිරිඳා මෙහෙම සිතුවා. 'මේ බ්‍රහ්මදත්ත කාසි රජු අපට විපතක් ම යි කළේ. බැරිවෙලාවත් අපි තුන්දෙනා මෙහෙම ඉන්නවා කියා දැනගත්තොත් තුන්දෙනාව ම මරාදමාවි. දීඝාවු කුමාරයාව පිට තැනක නවත්තන්ට ඕනෑ' කියා සිතා නගරයෙන් පිටත නැවැත්තුවා. ශිල්ප ශාස්ත්‍ර උගැන්නුවා.

දීඝිතිකොසොල් රජ්ජුරුවන්ගේ කෙස් සැකසූ කරණවෑමියා දැන් සේවය කරන්නේ බ්‍රහ්මදත්ත කාසි රජුටයි. දවසක් මොහු තමන් කලින් සේවය කළ දීඝිතිකෝසල රජ්ජුරුවෝ තාපස වේශයෙන් ඉන්නවා දැක හඳුනාගත්තා. හඳුනාගෙන බ්‍රහ්මදත්ත රජුට ගිහින් ඔත්තුව දුන්නා. "දේවයන් වහන්ස, ආං ඔබවහන්සේගේ සතුරු දීඝිතිකෝසල රජුත් බිසොවත් තවුස්වෙස් ගෙන කුඹල් හලක නැවතී ඉන්නවා" කියා. එතකොට බ්‍රහ්මදත්ත රජ්ජුරුවෝ දීඝිතිකෝසල රජුවයි, බිසොවයි දෙන්නා අත්අඩංගුවට ගත්තා. දෙන්නාගේ ම දෑත් පිටුපසට බැඳ, හිස බූ ගා, පාරක් ගානේ හන්දියක් ගානේ අරගෙන ගිහිං දකුණු දොරටුවෙන් අරගෙන වධකභූමියට ගෙනිහිං හිසගසා දමන්ට රාජ අණ ලැබුනා. රාජ සේවකයෝ දැන් මේ දෙන්නාව වධකභූමියට අරගෙන යනවා.

ඔය අතරේ දීඝාවු කුමාරයා 'මං කාලෙකින් දෙමාපියන්ව දැක්කෙ නෑ. බලන්ට යන්ට ඕනෑ' කියා

පිටත් වුනා. බරණැසට ඇවිත් බලද්දී තමන්ගේ පියාවයි මෑණියන්වයි මළ බෙර ගසමින් වධකභූමියට හිසගසා දමන්ට ගෙනියනවා. මේ දරුවා සෙනඟ මැද්දෙන් තමන් දෙසට දුවගෙන එන හැටි දැක්ක රජ්ජුරුවෝ හඬ නගා මෙහෙම කිව්වා. "පුතේ දීඝාවු, දුර බලන්ට, ළඟ බලන්ට එපා. පුතේ දීඝාවු, වෛරයෙන් වෛරය කවදාවත් සංසිඳෙන්නේ නෑ. පුතේ දීඝාවු, වෛර නොකිරීමෙන් ම යි වෛරය සංසිඳෙන්නේ." එය ඇසූ කුමාරයා පස්සෙන් පස්සට ගියා. මව් පියන් පස්සෙන් ගියා.

රාජසේවකයෝ කොසොල් රජුට මෙහෙම කිව්වා. "මරණ භයට පත් මේ දීඝිතිකෝසල රජ්ජුරුවෝ පිස්සු වැටුනා. පිස්සුවෙන් වගේ දොඩනවා නොවැ."

"නෑ... මං පිස්සුවෙන් දොඩනවා නොවේ. කවුරු හරි නුවණැත්තෙක් සිටියොත් මේ කියූ දෙයෙහි අර්ථය දැනගනීවි" කියා කොසොල් රජු උත්තර දුන්නා. ඊට පස්සේ වධකයෝ වධකභූමියට ගෙනිහිං ඒ දෙන්නාගේ හිස ගසා දැම්මා. ඔවුන්ගේ සිරුරු සතරට කඩා සිව් දිසාවේ තබා රැකවල් දැම්මෙව්වා.

එදා රාත්‍රී දීඝාවු කුමාරයා බරණැසට ගොහින් සුරා අරගෙන ඇවිත් මුරකාරයන්ට බොන්ට දුන්නා. ඔවුන් හොඳටම වෙරිවෙලා වැටී සිටියා. කුමාරයා දරකැබලි රැස්කොට දෙමාපියන්ගේ සිරුරු කැබලි එක්කොට චිතකයේ තබා ගිනි දල්වා, තුන්වතාවක් චිතකය පැදකුණු කරලා වන්දනා කරගෙන සිටියා.

එදා බ්‍රහ්මදත්ත රජ්ජුරුවෝ මාළිගයේ උඩුමහල් තලේ ඉඳන් වධකභූමිය දෙස බලද්දී ඈත ඇවිලෙන චිතකයට වැඳගෙන කවුදෝ ඉන්නවා දැක්කා. දැකලා

මෙහෙම සිතුවා. 'ආයෙ සැකයක් නෑ. මේකා නම් දීඝිතිකෝසලගේ ලේ නෑයෙක් වෙන්ට ඕනෑ. හප්පේ මට මහා අනතුරක් නොවැ. කෝ මට කවුරුවත් දැනුම් දුන්නේවත් නැනේ."

ඊට පස්සේ කුමාරයා වනේ ඇතුළට ගියා. බිම වැටී හිස බදාගෙන හඬා වැළපුනා. ශෝකය පහවුනාට පස්සේ කඳුළු පිසදමා ගෙන හෙමිහිට ආයෙමත් නගරයට ආවා. ඇත්හළට ගිහින් ඇතුන්ගේ කටයුතු උගන්වන කෙනා මුණගැසුනා. "ආචාර්යපාදයෙනි, මාත් ආසයි හස්තිශිල්ප ඉගෙනගන්ට." "හොඳයි පුතේ, ඉගෙන ගනිං." එතකොට දීඝාවු කුමාරයා ඇත්හලේදී පාන්දරින් නැගිටලා මිහිරට වීණා වාදනය කරමින් ගීත ගායනා කළා.

මේ කන්කලු හඬ බ්‍රහ්මදත්ත රජුටත් අසන්ට ලැබුනා. එතකොට රජ්ජුරුවෝ මේ කුමාරයාව මාළිගයට ගෙන්වා ගෙන වීණා වාදනය කරමින් ගී ගයන්ට කිව්වා. කුමාරයාගේ හඬටත් වීණා වැයුමටත් රජ්ජුරුවෝ වසඟ වුනා. "බොහෝම ලස්සනයි මිත්‍රයා බොහෝම ලස්සනයි. මිත්‍රයා උඹ මට උපස්ථාන කරපං" කියා කුමාරයාව රජවාසලේ නවත්තාගත්තා.

එතකොට කුමාරයා රජ්ජුරුවන්ට කලින් නැගිටිනවා. අන්තිමට නිදියනවා. මිහිරි ලෙස කතා කරනවා. ප්‍රියමනාප වචන කියනවා. සුළු කලකින් රජ්ජුරුවන්ගේ ඉතාම විශ්වාස තැනැත්තෙක් බවට පත්වුනා.

දවසක් බඹදත් රජ්ජුරුවෝ කුමාරයාත් එක්ක රියේ නැගී මුව දඩයමේ ගියා. එදා ඒ රථය පැදවූයේ කුමාරයා. සේනාවට අසලකටවත් ළං වෙන්ට බැරි ලෙස වේගයෙන්

රිය පදවාගෙන වනයේ ඈතට ගෙන ගියා. එතකොට රජ්ජුරුවෝ "මිත්‍රය, මට මහන්සියි. නිදන්ට ඕනෑ" කිව්වා. කුමාරයා රථය නැවැත්තුවා. රජ්ජුරුවන්ව බිමට බැස්සුවා. බිම ඇතිරිලි අතුරා කුමාරයා එරමිණියා ගොතාගෙන වාඩිවුනා. රජ්ජුරුවෝ ඒ මත හිස තබාගෙන සිටි සුළු මොහොතකින් නින්දට වැටුනා.

එතකොට කුමාරයාට මෙහෙම සිතුනා. 'මේ බඹදත් රජා තමයි අපිව නැත්තට ම නැති කළේ. අපේ ඔක්කෝම දේපල වස්තුව, සේනාවාහන හැම දෙයක් ම පැහැර ගත්තා. මගේ දෙමාපියන්වත් මැරුවා. දැන් තමා ඒකට වාඩුව ගන්ට කාලේ' කියා සිතා කොපුවෙන් කඩුව ඇද්දා. එතකොට එදා වධකභූමියට රැගෙන යමින් සිටියදී තමන්ගේ පියා තමන්ට දුන් අවවාද සිතේ රැව්දෙන්ට පටන් ගත්තා. 'කමක් නෑ. මගේ පණ ගියත්, මං මගේ මාපියන් දුන් අවවාදයට පිටුපා යන්නේ නෑ. ඒ අවවාදයේ ම පිහිටනවා' කියා ආයෙමත් කඩුව කොපුවේ දමා ගත්තා. ආයෙත් වාඩුව ගන්ට හිතට ආවා. ආයෙමත් අවවාදය සිහිකොට කඩුව කොපුවේ දමා ගත්තා. තුන්වෙනි වතාවේ කුමාරයා වම් අතින් රජ්ජුරුවන්ගේ හිසේ කෙස් වල්ල අල්ලා ගත්තා. කඩුව අමෝරා ගත්තා. තමාගේ පියා අවසන් මොහොතේ කළ අවවාදය සිතේ රැව්දුන්නා. එතකොට 'මගේ ජීවිතය ගියත් කමක් නෑ. මං ඒ අවවාදය බිඳින්නේ නෑ' කියා සිතාගත්තා. රජ්ජුරුවන්ට මේ ගාථාව පැවසුවා.

(1). **එම්බා රජ්ජුරුවෙනි තොප -**
දැන් ඉන්නේ මගේ වසඟයේ
මේ දුකින් තොපට බේරෙන්නට -
මොනයම් හෝ උපායකුත් තොපට තියෙනවා දෝ

එතකොට මරණභයින් වෙව්ලා ගිය රජ්ජුරුවෝ මේ දෙවෙනි ගාථාව පැවසුවා.

(2). එම්බා පුත්‍රය දැන් මං -
තොපේ වසඟයට පත් වී සිටින්නේ
මේ දුකින් මිදීගන්නට මට -
කිසිම උපායක් දකින්ට මාහට නම් නැත්තේ

එතකොට දීඝාවු කුමාරයා මේ ගාථාවන් පැවසුවා.

(3)

රජුනේ, පුරුදු කරපු සුචරිතයට වඩා -
වෙන ධනයක් නම් මැරෙන වෙලාවෙදි නැත්තේ
රජුනේ, සුභාෂිත වචනයට වඩා -
වෙන ධනයක් නම් මැරෙන වෙලාවෙදි නැත්තේ
සුචරිත හා සුභාෂිතයට වඩා -
වෙන ධනයක් නම් මැරෙන වෙලාවෙදි නැත්තේ

(4)

අසවලා මට ආක්‍රෝශ කළා
- මට පහර දුන්නා - මා පරදවා දැම්මා
මගේ දෙය මොහු පැහැර ගත්තා
- කියා වෛරය බඳිනවා නම්
කිසිදා වෛරය ඔවුන්ගේ - නැත සංසිඳී යන්නේ

(5). වෛර කිරීමෙන් කිසිදා
- වෛරය නැත සංසිඳෙන්නේ
වෛර නොකිරීමෙන් ම යි
- වෛරය සංසිඳෙන්නේ
මෙය ලෝකයේ තිබෙනා - සනාතන වූ දහමකි

මෙහෙම කියා දීඝාවු කුමාරයා "මහරජ්ජුරුවන් වහන්ස, මගෙන් ඔබවහන්සේට කවරදාකවත් වරදක් වෙන්නේ නෑ. ඔබවහන්සේ ඕනෑ නම් මාව මරා දමන්ට" කියා රජ්ජුරුවන්ගේ අතේ කඩුව තිබ්බා. "නෑ... පුත්‍රය... උඹට මගේ අතිනුත් කවරදාකවත් වරදක් වෙන්නේ නෑ" කියා එකිනෙකා දිවුරා ගත්තා. ඊට පස්සේ දෙන්නම නගරයට ගියා. රජ්ජුරුවෝ ඇමතිවරු රැස්කළා.

"මිත්‍රවරුනි... මේ ඉන්නේ දීඝිතිකොසොල් රජ්ජුරුවන්ගේ එකම පුත්‍රයා, දීඝාවු කුමාරයා. මොහු නිසා මට ජීවිතේ ලැබුනා. මෙයට කිසිවක් හෝ කරන්ට ඕනෑ" කියා තමන්ගේ දියණිය පාවා දී කෝසල රාජ්‍යයෙහි පිහිටුවා එහි රජකම ලබා දුන්නා. එදා පටන් මේ රජවරු දෙන්නා සමගියෙන් සමාදානයෙන් වාසය කළා.

මහණෙනි, එදා දීඝිතිකෝසල රජු වෙලා සිටියේ බෝසත් පියා. ඒ රජ්ජුරුවන්ගේ බිසොව වෙලා සිටියේ බෝසත් මව්. දීඝාවු කුමාරයා වෙලා සිටියේ මම යි" කියා භාග්‍යවතුන් වහන්සේ මේ ජාතකය නිමවා වදාළා.

02. මිගපෝතක ජාතකය

මියගිය මුවපැටියා වෙනුවෙන් හඬා වැලපුනු සෘෂිවරයාගේ කතාව

පින්වතුනේ, පින්වත් දරුවනේ,

පොඩි දරුවන්ට ආදරය දැක්වීම ලෝකයේ කා තුළත් තියෙන සාමාන්‍ය දෙයක්. නමුත් පැවිද්දන් තමන්ගේ සිසු දරුවන්ගේ වියෝගය නිසා හෝ ශෝක නොකරන්නට දක්ෂ විය යුතුයි. මෙය එබඳු කතාවක්.

ඒ දිනවල අපගේ භාග්‍යවතුන් වහන්සේ වැඩ වාසය කොට වදාළේ සැවැත්නුවර ජේතවනයේ. ඔය දවස්වල ජේතවනයේ සිටි එක්තරා මහලු තෙරනමකට ඉතාමත් ආදර ගෞරවයෙන් උපස්ථාන කරන පොඩි සාමණේර නමක් සිටියා. දවසක් ඔය සාමණේර නම හදිසියේ අසනීප වුනා. සුවපත් කරන්ට මහන්සි ගත්තත් නොහැකි වුනා. අපවත් වුනා. පොඩි නම අපවත් වීමේ දුක උසුලාගත නොහැකිව ඒ මහලු තෙරනම පොඩිනමගේ ගුණ කිය කියා විලාප දුන්නා. එතකොට භික්ෂූන් වහන්සේලා ඒ තෙරනමගේ ශෝකය දුරු කරන්ට නොයෙක් අයුරින් කරුණු කීවත් හරි ගියේ නෑ.

දම්සභා මණ්ඩපයේ රැස්වූ භික්ෂූන් වහන්සේලා

මේ ගැන කතා කරමින් සිටියා. "අනේ බලන්ට ඇවැත්නි, අසවල් මහලු තෙරනමට තවමත් බැරි උනා නොවැ ප්‍රියයන්ගෙන් වෙන් වීමේ දුකක් මේ සසරේ තියෙනවා ය කියන එක තේරුම් ගන්ට. බලන්ට, අර පොඩිනම හොඳ බව හැබෑව. එහෙත් මොනා කරන්ට ද. ඔය ජීවිතේ හැටි නොවැ. මේ තෙරනම මරණසතිය වඩා නැති එකේ පාඩුව."

ඒ අවස්ථාවේ භාග්‍යවතුන් වහන්සේ එතැනට වැඩම කොට වදාළා. භික්ෂූන් වහන්සේලා තමන් කතා කරමින් සිටි කරුණ භාග්‍යවතුන් වහන්සේට සැලකළා. භාග්‍යවතුන් වහන්සේ මෙසේ වදාළා.

"මහණෙනි, ඔය මහලු භික්ෂුව ඔය පොඩි නමගේ මරණය නිසා හඬා වැලපුනේ මේ ආත්මේ විතරක් නොවේ. මීට කලිනුත් ඕකම වුනා" කියා මේ අතීත කතාව ගෙනහැර දක්වා වදාළා.

"මහණෙනි, ගොඩාක් ඉස්සර කාලෙක බරණැස්පුරේ බ්‍රහ්මදත්ත නමින් රජ්ජුරු කෙනෙක් රාජ්‍ය විචාරමින් සිටියා. ඔය කාලේ මහාබෝධිසත්වයෝ ශක්‍ර පදවියට පත් වෙලා තව්තිසාවේ දෙව්මහරජුව වාසය කළේ. ඔය දවස්වල කසී රටේ වාසය කළ කෙනෙක් හිමාල වනයට ගොහින් ඍෂි පැවිද්දෙන් පැවිදි වෙලා අලමුල් ඵලාහාරයෙන් යැපෙමින් ජීවත් වුනා.

දවසක් මේ තාපසයාට වනයේදී මව් මිය ගිය එක්තරා කුඩා මුව පැටවෙක් දකින්ට ලැබුනා. ඒ මුව පැටියාව තමන්ගේ කුටියට ගෙනැවිත් කන්ට බොන්ට දී ආදරයෙන් හදාවඩා ගත්තා. කලක් යද්දී මේ මුව පැටියා හොඳට වැඩිලා ඉතාම ලස්සන හැඩකාර මුව නාම්බෙක්

වුනා. තාපසයාත් තමන්ගේ ම දරුවෙක්ට වගේ මේ මුවාට ආදරයෙන් බැඳී උන්නා. දවසක් මේ මුවා ගොඩාක් තණකොළ කෑමෙන් අජීර්ණ රෝගයක් හැදී මරණයට පත් වුනා. එතකොට තාපසයා, "අනේ දෙවියනේ... මේ මට මොකොදෑ වුනේ... මයෙ එකම පුතා මළෝ!" කියා මහා හඬින් විලාප තියන්ට පටන් ගත්තා.

එදා ලොව බලන වේලේ සක් දෙවිඳුන්ට වනයේ තනියම වැලපෙන තාපසයාව දකින්ට ලැබුනා. 'මං මොහුට සංවේගය උපදවන්ට ඕනෑ' කියා සිතා අහසේ සිටිමින් මේ පළමු ගාථාව පැවසුවා.

(1). **ගිහි ජීවිතය අත්හැර -**
අනගාරිකව පැවිදි දිවියක් ගෙවනා
ශ්‍රමණ තාපසයෙකු හට -
තමන්ගේ හිතවතෙකු මළ විට
වැලපී ශෝකයෙන් සිටීම -
ගැලපෙන දෙයක් නම් නොවේ

සක්දෙවිඳුගේ මේ චෝදනාත්මක ගාථාව ඇසූ තවුසා මේ ගාථාවෙන් පිළිතුරු දුන්නා.

(2). **අනේ සක්දෙවිඳුනි -**
මිනිසුන් සමඟ ඉතා ලෙන්ගතු වී
සතුනුත් වාසය කිරීමෙන් -
එකිනෙකා තුළ ආදරය ඇතිවේ
ඉතින් අදරැති අයෙක් මළ විට -
ශෝක නොකොට මං ඉන්නෙ කොහොමෙයි

එය ඇසූ සක්දෙවිඳු මේ ගාථාවන් පැවසුවා.

(3)

මිය ගිය අය ගැනත් මැරෙනා අය ගැනත්
- අනිත් උදවිය හඬා වැලපී
ශෝක වීම නම් හිස් දෙයක් බව
- කීවෝ ය නිකෙලෙස් උතුමෝ
ඒ නිසා ඔබත් සෘෂිවර - හඬා වැලපෙන්ට එපා

(4)

එහෙම නම් බමුණානෙනි -
හැඬුම් වැලපුම් අසා අපගේ
මැරුණු අය යළි නැගිට ඒ නම් -
අපි සියල්ලෝ දැන්
එකිනෙකාගේ මැරුණු නෑයින් වෙනුවෙන් -
එකට එක් වී හඬ හඬා ඉමු

සක්දෙවිඳුගේ මේ ගාථා ඇසූ තාපසයාට හඬා වැලපීම නම් කිසි යහපතක් වෙන දෙයක් නොවන බව අවබෝධ වුනා. එතකොට ඔහුගේ සිතේ තිබූ ශෝක ගින්න නිවී ගියා. සක්දෙවිඳුට ස්තුති ප්‍රශංසා කරමින් මේ ගාථාවන් පැවසුවා.

(5). ගිතෙල් දමා ඇවිලී ගිය ගින්නක් වාගේ
දැවී තිබුනි ශෝකෙන් සිත මාගේ
වතුර දමා නිවා දැමූ ලෙස ඒ ගින්න
මගේ සියලු දුක් පීඩා සිසිල් වී ගියා

(6). මේ සිතේ ඇනී රිදුම් දිදී තිබුනු ශෝක හුල
සක්දෙවිඳුන් මගේ සිතින් උදුරා දැම්මා
මුවාගෙ මරණයෙන් දුකින් වෙලී සිටිය මට
ඒ මගේ ශෝකය දුරු කර දැම්මා

(7)

නිදහස් වී ගියා මසිත තිබුණු ශෝක හුලින්
දැන් ශෝකය නැතිව සිටිමි මං
කැළඹීමක් නැති සිතිනුයි දැන් මං ඉන්නේ
දෙවිඳුනි ඔබෙ වදන් ඇසීමෙන්
- මං දැන් ශෝක නොකරමී
ඒ ගැන සිතා නොහඬමී

මේ විදිහට ඒ තවුසා ශෝකය සංසිඳුවා ගත්තා. සක්දෙවිඳු දෙව්ලොව ගියා. මහණෙනි, එදා ශෝකභරිතව සිටි තාපසයා ඔය මහලු භික්ෂුව යි. මිය ගිය මුවා වෙලා සිටියේ ඔය කලුරිය කළ සාමණේර. සක් දෙවිඳු වෙලා සිටියේ මම යි" කියා භාග්‍යවතුන් වහන්සේ මේ ජාතකය නිමවා වදාළා.

03. මූසික ජාතකය

වේලාසනින් අනතුර හැඳින කටයුතු කිරීම ගැන කතාව

පින්වතුනේ, පින්වත් දරුවනේ,

නුවණැති අය අනාගතයේ සිදුවිය හැකි අනතුරු සිහි කොට ඒවායින් බේරෙන්ට උපදෙස් දෙනවා. ඒ උපදෙස් අනුගමනය කළ විට ඒ අය විපත්වලින් නිදහස් වෙනවා. මෙයත් එබඳු කතාවක්.

ඒ දිනවල අපගේ භාග්‍යවතුන් වහන්සේ වැඩ වාසය කොට වදාළේ රජගහනුවර වේළුවනයේ. එදා භාග්‍යවතුන් වහන්සේ භික්ෂු සංඝයා පිරිවරාගෙන බිම්බිසාර රජ්ජුරුවන්ගේ මාළිගාවට දානයට වැඩම කොට සිටියා. දන් වළඳා අවසානයේ අප භාග්‍යවතුන් වහන්සේ භුක්තානුමෝදනා ධර්මදේශනාව පවත්වන අවස්ථාවේ කිරි මවක් සිඟිති අජාසත් කුමාරයාව සුවඳ පැනින් නහවා ලස්සනට සරසා ගෙනැවිත් බිම්බිසාර රජුගේ අතට දුන්නා. දරුවා අතට ගත් බිම්බිසාර රජු දරු සෙනෙහසින් වසඟව සිටින අයුරු භාග්‍යවතුන් වහන්සේ දැක වදාළා. මොහු නිසා අනාගතයේ මේ ධාර්මික රජු මහා දුකකට පත් වෙන බව දුටු අපගේ භාග්‍යවතුන් වහන්සේ එය වේලාසනින් වළක්වා ගැනීම පිණිස අනතුරු ඇඟවීම් වශයෙන් මෙසේ වදාළා.

"මහරජ, ඉස්සර සිටිය නුවණැති රජවරු සැක කළ යුතු දේ සැක කළා. කොටින් ම තමන්ගේ පුත්‍රයාව පවා සැක කළ යුතු අවස්ථාවේ සැක කළා. රාජ්‍යයෙන් බැහැරකොට තැබුවා. තමා අභාවයට පත් වූ පසු පුත්‍රයාට රජකම යන ලෙස කටයුතු සැලසුවා" කියා මේ අතීත කතාව ගෙනහැර දක්වා වදාළා.

"ගොඩාක් ඉස්සර කාලෙක බරණැස් පුරේ බ්‍රහ්මදත්ත නමින් රජ්ජුරු කෙනෙක් රාජ්‍ය විචාරමින් සිටියා. ඔය කාලේ මහාබෝධිසත්වයෝ බ්‍රාහ්මණ කුලේ ඉපදිලා තක්සිලාවේ දිසාපාමොක් ආචාර්යපාදයෝ වෙලා සිටියා. මේ දිසාපාමොක් ආචාර්යයන් ළඟ බරණැස් රජ්ජුරුවන්ගේ පුතා වන යව කුමාරයා ශිල්ප ශාස්ත්‍ර ඉගෙන ගත්තා. ආපසු බරණැස් යන්ට සූදානම් වෙලා දිසාපාමොක් ආචාර්යපාදයන්ව වන්දනා කරන්ට ආවා.

දිසාපාමොක් ආචාර්යයෝ අංග ලක්ෂණ විද්‍යාව දන්නවා. මේ යව කුමාරයා රජ වෙනවා. නමුත් මේ රජ්ජුරුවන්ගේ පුතෙක් මේ රජ්ජුරුවන්ව මරා රජකම ගන්ට කුමන්ත්‍රණයක යෙදෙනවා කියා අනාගතයේ වෙන්ට තියෙන දේ වැටහුනා. ඒ අනතුරෙන් මේ රජ්ජුරුවන්ගේ අනාගත ජීවිතය බේරා සුරකින්ට ඕනෑය යන අදහස දිසාපාමොක් ආචාර්යයන් තුළ ඇති වෙලා තිබුනා. එයට සුදුසු උපමාවක් දක්වන්ට අවස්ථාවක් බල බලා සිටියේ.

දිසාපාමොක් ආචාර්යයන්ගේ එක් අශ්වයෙකුගේ කකුලේ තුවාලයක් තිබුනා. ඒ තුවාලයේ වණ වීම වළක්වන්ට ඕනෑ නිසා ඒ අශ්වයාව ගෙයක් ඇතුලේ තැබුවා. ඒ අසල ම ළිඳක් තියෙනවා. ඔය ගෙදර ඉන්නා

මීයෙක් ඇවිත් අශ්වයාගේ තුවාලය කනවා. අශ්වයාට මේක වළක්වා ගන්ට බැරුව හිටියේ. දවසක් මීයා අශ්වයාගේ තුවාලය කන්ට ආවා. වේදනාව ඉවසාගන්ට බැරි තැන අශ්වයා කකුලෙන් ගසා මීයාව මරා ගසා දමද්දී මීයා ළිඳේ වැටුනා. අශ්වයා බලාගන්නා අය මෙහෙම කිව්වා. "වෙන දවස්වලට මීයෙක් එනවා. ඇවිත් මේ අශ්වයාගේ තුවාලේ කනවා. දැන් ඌ පේන්ට නෑ. හැබෑට ඌට මක් වුනා ද?"

එතකොට දිසාපාමොක් ආචාර්යතුමා 'මේ මිනිස්සු මීයාට මක් වුනාද කිය කියා කතා කරනවා, මීයා මැරිලා ළිඳේ වැටී ඉන්නා බව මං නම් දන්නවා' කියා සිතා මේ කාරණය උපමා කොට මුල්ම ගාථාව සකසා කුමාරයාට ඉගැන්නුවා.

ඊට පස්සේ අශ්වයාගේ තුවාලේ සනීප වුනා. දවසක් මොහු යව කෙතකට ගිහින් වැට අස්සෙන් හොම්බ දමා යව කනවා දැකපු ආචාර්යයෝ එය උපමා කොට දෙවෙනි ගාථාවත් කුමාරයාට ඉගැන්නුවා.

තුන්වෙනි ගාථාව දිසාපාමොක් ආචාර්යතුමා තමන්ගේ ප්‍රඥාබලමහිමයෙන් සකස් කළා. ඊට පස්සේ මෙහෙම කිව්වා. "දරුව... තොපට සුවසේ රාජ්‍ය කටයුතු කරගෙන යන්ට ලැබෙනවා. නමුත් අනාගතේ ඔයාගේ පුත් කුමාරයා දහසය හැවිරිදි වියේදී කිසියම් අවස්ථාවක නාන පොකුණට බසින පියගැට පෙළ ළඟදී ඔයාට සිතේවි මේ පළමු ගාථාව කියන්ට. එතකොට කාටත් ඇහෙන්ට කියන්ට. කියාගෙන යන්ට. ආයෙමත් අවස්ථාවක ඔයාට සිතේවි තම නිවසේ උඩුමහලට නගින පඩිපෙළ ළඟදී ගාථාවක් කියන්ට ඕනෑ කියලා. එතකොට දෙවෙනි ගාථාව

කියන්ට. ආයේ අවස්ථාවක පඩිපෙළ උඩදී ත් ගාථාවක් කියන්ට සිතේවි. එතකොට තුන්වෙනි ගාථාව කියන්ට කියලා ගාථා තුනක් උගන්නලා පිටත් කෙරෙව්වා.

යව කුමාරයා බරණැසට ගිහින් පිය රජු හමු වුණා. පිය රජු කුමාරයාට යුවරාජ පදවිය පිරිනැමුවා. පිය රජුගේ ඇවෑමෙන් මහරජ පදවිය ලැබුනා. මේ යවරජුට අගමෙහෙසියගෙන් පුත් කුමරෙක් උපන්නා. මේ පුත් කුමාරයා රාජ්‍ය ලෝභයෙන් පියා මරන්ට කල්පනා කළා. තමන්ගේ උපස්ථායක ඇමතිවරුත් එක්ක රහසේ සාකච්ඡා කළා. 'මේ පියරජු තාම තරුණයි. මෙයා මැරෙන කල් මං රජවෙන්ට බලාගෙන සිටියොත් මාත් නාකි වේවි. ජරාජීර්ණ වෙලා ලැබෙන රාජ්‍යයෙන් ඇති වැඩේ මොකක්ද?"

"ඇත්ත දේවයනි... මේ තියෙන තත්වයට අනුව පිටිසරට ගොහින් සොරකමින් ඉන්ට ඇහැක? තමුන්නාන්සේ මොකාක් හරි ක්‍රමේකින් පියා මරා රජවෙන්ට."

"ඔව්... මට ඒක විතරමයි කරන්ට ඉතුරු වෙලා තියෙන්නේ" කියලා ඇතුලු නිවසට ගියා. රජ්ජුරුවෝ සවස් වරුවේ ස්නානය කරන පොකුණ ළඟට ඇවිත් මෙතනදි එයාව මරා දමන්ට ඕනෑ කියා කඩුවත් අතැතිව සිටියා. එදා රජ්ජුරුවෝ මූසිකා නමැති දාසියට මෙහෙම කිව්වා. "මූසිකා, උඹ ගොහින් පොකුණේ මිදුල සෝදා වරෙං. මං තව ටිකකින් නාන්ට එනවා."

ඈ ගොහින් පොකුණු මිදුල සෝදන විට කුමාරයාව දැක්කා. කුමාරයා තමන්ව හසුවෙයි යන භයට ඇයව මරා පොකුණට දාලා පැනලා ගියා. රජ්ජුරුවෝ නාන්ට

ගියා. එතකොට අනිත් අය ඇවිත් "අදත් මූසිකා දාසිය තවම ආවේ නැද්ද... මෑ කොයිබ ගොහින් ද!" කියමින් කෑ ගසා සොයන්ට ගත්තා. එතකොට රජ්ජුරුවන්ට ගාථාවක් කියන්ට සිතුනා. රජ්ජුරුවෝ හඬ නඟා මේ පළමු ගාථාව පැවසුවා.

(1). **අනේ මොකොද මේ මිනිස්සු -**
කොහිද ගියේ කොහිද ගියේ මූසිකා කියා
බොරුවට කෑ ගසමින් -
ඈ හැම තැනම සොයන්නේ
මං විතරයි දන්නේ - මූසිකාට වෙච්චි දේ
අන්න පොකුණේ මූසිකා - මරා දමා තියෙනවා

එය ඇසූ මිනිස්සු පොකුණට ගිහින් බැලුවා. මූසිකාව මරා දාලා. මෙය රජ්ජුරුවෝ දැනගත් බව තේරුන කුමාරයා හොඳටම භය වෙලා පලා ගියා. ටික දිනකින් තමන්ගේ උපස්ථායක ඇමතිවරුන්ව රහසේ මුණ ගැසුනා.

"දැන් ඇමතිවරුනි මං මොකද කරන්නේ? සිතා සිටි වැඩේ වැරදුනා නොවැ. අාං පිය රජ්ජුරුවෝ දැනගෙන."

දවස් හතකට පස්සේ ඇමතිවරු කුමාරයාට මෙහෙම කිව්වා. "දේවයෙනි, රජ්ජුරුවෝ තමුන්නාන්සේ ය මේ වැඩේ කළේ කියා ටක්කෙට ම දැනගත්තා නම් මෙතරම් දවසක් නිස්සද්දව ඉන්නේ නෑ. ඔය කියනවා ඇත්තේ තර්කානුකූලව කල්පනා කරලා. බලා ඉන්ට දෙයක් නෑ මරා දාන්ට."

එතකොට ආයෙමත් දවසක් පුත් කුමාරයා ඇවිත් කඩුවකුත් අතට ගෙන පඩිපෙළ පාමුල වූ ගබඩා දොර

ළඟ සැඟවී සිටියා. එදා රජ්ජුරුවන්ට පඩිපෙළ මුලදී දෙවෙනි ගාථාව කියන්ට සිතී මෙහෙම කිව්වා.

(2)

පහර දෙන්ට සොයා සුදුසු තැනක් කොටළුවා
බොරුවට පසුබසින කරුණ - මං හොඳට දන්නවා
මූසිකාව මරා එදා ළිඳට දමාලා
දැන් යව රජු අනුභවයට - ගන්ට නේද තොපට ආසා

එතකොට කුමාරයා 'අයියෝ එහෙනම් මාව අහුවෙන්ටයි යන්නේ' කියා හොරෙන් ම පැනලා ගියා. ආයෙමත් සති දෙකකට පස්සේ 'මං පියාට මුගුරෙන් පහර දී මරන්ට ඕනෑ' කියා එක් දිග මුගුරක් අතට ගෙන එහි එල්ලීගෙන අවස්ථාව බලමින් උඩුමහලේ පඩිපෙළ අසල සැඟවී සිටියා. එතකොට එදා රජ්ජුරුවන්ට තුන්වෙනි ගාථාව කියන්ට සිතුනා.

(3). **එම්බල අනුවණය, තෝ තාම පොඩියි**
ජීවිතයේ පළමු වයසෙ යොවුන් කාලෙ ඉන්නේ
ඇයි තෝ මේ දිගු මුගුරක එල්ලීගෙන ඉන්නේ
මං තොට පණ පිටින් ඉන්ට දෙන්නෙ නෑ

එදා කුමාරයාට පලා යන්ට පුළුවන්කමක් තිබුනේ නෑ. "අනේ දේවයන් වහන්ස, මාව මරන්ට එපා. මගේ ජීවිතය දෙන්ට. මං ආයෙමත් කවදාකවත් ඔබවහන්සේට අනතුරක් කරන්ට සිතන්නේ නෑ" කියා රජ්ජුරුවෝ පාමුල වැඳ වැටුනා. එතකොට රජ්ජුරුවෝ ඔහුට තර්ජනය කොට අත්අඩංගුවට ගත්තා. සිරගත කළා. එදා සුදුසේසත යට අලංකාර රාජාසනේ මත වාඩීවී තම ගුරුදේවයන්ගේ ගුණසම්පත් මෙනෙහි කරමින් මෙහෙම සිතුවා. 'අනේ මගේ ගුරුදේවයෝ මගේ අනාගත ජීවිතේට ආරක්ෂාව

සැපයිය යුතු ආකාරය මොනතරම් පැහැදිලිව දැක්කා ද' කියා මහත් සතුටින් යුක්තව මේ ගාථාවන් පැවසුවා.

(4). අනේ මං බේරුනේ මරණෙන් -
ආකාසේ ඇති දෙව්විමනක් නිසා නොවේ
මගේ හැඩරුවින් උපන් පුතුගේ -
මෙත් සිතේ බලෙන් නොවේ
මගේ ගුරුදෙව් රචනා කර දුන් -
ගාථාවන්ගේ බලයෙන් ම යි

(5). හීන, මැදහත්, උතුම් වූ හැම -
ශිල්ප මැනවින් ඉගෙන ගත යුතු
ඒ හැම දෙයෙහි තිබෙන යහපත -
හොඳින් හඳුනාගෙන සිටිය යුතු
ඒත් එය දැනගත්තු පලියට -
සියලු දෙයට ම නොම යෙදිය යුතු
කල් පැමිණි විට යමක් කෙරුමට -
නිසි කලට එය වැඩෙහි යෙදිය යුතු

ඊට පස්සේ යව රජතුමා කරදරයක් නැතිව රාජ්‍ය කරගෙන ගියා. ඒ රජුගේ ඇවෑමෙන් කුමාරයා රජකමට පත් වුනා. මහරජුනි, එදා දිසාපාමොක් ආචාර්යපාදයන්ව සිටියේ මම යි" කියා භාග්‍යවතුන් වහන්සේ මේ ජාතකය නිමවා වදාළා.

04. චුල්ලධනුග්ගහ ජාතකය

චුල්ලධනුග්ගහ පණ්ඩිතයන්ගේ කතාව

පින්වතුනේ, පින්වත් දරුවනේ,

බොහෝ අවස්ථාවල අපට ළඟින් ම ඇසුරු කරන්ට ලැබෙන අය අපට කලින් ආත්මවලත් හමු වූ අය. ඒ අයගෙන් ඒ ඒ ආත්මවල යම් යම් බලපෑම් අපට සිදුවෙලා තියෙනවා ද මේ ආත්මේත් ඒවා ඒ අයුරින් ම වෙන්ටත් පුළුවනි. වෙන වෙන අයුරුවලින් වෙන්ටත් පුළුවනි. කොහොමත් මේ සසර ගමන නම් දුකක් ම යි. දැන් කියැවෙන්නේ එබඳු කතාවක්.

ඒ දිනවල අපගේ භාග්‍යවතුන් වහන්සේ වැඩ වාසය කළේ සැවැත්නුවර ජේතවනයේ. ඔය කාලේ තම බිරිඳට කියා පැවිදි වූ එක්තරා භික්ෂුවක් හිටියා. ටික කලක් යද්දී තමන්ගේ ගිහි කල බිරිඳ මේ භික්ෂුවට සිවුරු හැර එන්ට කියා බලපෑම් කරන්ට පටන් ගත්තා. එතකොට ඒ භික්ෂුවත් සිවුරු හැර යන්ට කල්පනා කළා.

එතකොට භික්ෂූන් වහන්සේලා ඒ භික්ෂුව භාග්‍යවතුන් වහන්සේ ළඟට කැඳවා ගෙන ගියා. භාග්‍යවතුන් වහන්සේ සිවුරු හැර යන්ට හිතුනේ ඇයි දැයි ඒ භික්ෂුවගෙන් අසා වදාළා. එතකොට ඒ භික්ෂුව මෙහෙම කිව්වා.

"අනේ ස්වාමීනී... මගේ ගිහි කල බිරිඳගෙන් බේරෙන්ට බෑ. මට ආයෙමත් ගෙදර එන්ටලු. ඈ අසරණයිලු."

එතකොට භාග්‍යවතුන් වහන්සේ මෙසේ වදාළා. "භික්ෂුව, ඔබ දන්නවා ද ඔය තමාගේ බිරිඳ කව්ද කියා. ඔය ස්ත්‍රිය ඔබගේ යහපත වනසන්ට පස්සෙන් එන්නේ මේ ආත්මේ විතරක් නොවේ. මීට කලින් ආත්මෙකත් ඔය ස්ත්‍රිය නිසා ඔබට නිකරුණේ කඩු පහර කා මැරෙන්ට සිදු වුනා."

එතකොට එතැන සිටි භික්ෂූන් වහන්සේලා ඒ භික්ෂුවට කලින් ආත්මේ එම විපත සිදු වූයේ කෙසේ ද කියා කියාදෙන සේක්වා! යි භාග්‍යවතුන් වහන්සේගෙන් ඉල්ලා සිටියා. භාග්‍යවතුන් වහන්සේ ඒ අවස්ථාවේ මේ අතීත කතාව ගෙනහැර දක්වා වදාළා.

"මහණෙනි, ගොඩාක් ඉස්සර කාලෙක බරණැස් පුරේ බ්‍රහ්මදත්ත නම් රජ්ජුරු කෙනෙක් රාජ්‍ය විචාරමින් සිටියා. ඔය කාලේ මහාබෝධිසත්වයෝ ශක්‍ර පදවි ලබා තව්තිසා දෙව්ලොව මහරජව සිටියා. ඔය දවස්වල බරණැසින් එක්තරා තරුණයෙක් ඉගෙන ගැනීම පිණිස තක්ෂිලාවට ගියා. එහිදී සියලු ශිල්ප ශාස්ත්‍ර ඉතා දක්ෂ ලෙස ඉගෙන ගන්ට මේ තරුණයා සමත් වුනා. දුනු ශිල්පයෙන් දෙවෙනි වුනේ තමන්ගේ ගුරුවරයාට විතරයි. මොහුගේ දක්ෂකම මොනතරම් ද යත්, මොහුට කවුරුත් කීවේ චුල්ලධනුග්ගහ පණ්ඩිත කියලයි.

එතකොට මොහුට ශිල්පශාස්ත්‍ර ඉගැන්වූ ආචාර්යවරයා මොහු ගැන ගොඩාක් සතුටු වුනා. ආචාර්යපාදයෝ තම සිසුවා කැඳවා මෙහෙම කිව්වා.

"පුත්‍රය, තොප වැනි සිසුදරුවෙක් ලැබීම ගැන මං ගොඩාක් සතුටුයි. මං වගේ ම ශිල්ප ශාස්ත්‍රයෙහි දක්ෂයෙක් මේ මට හමුවුනා ම යි. ඔබට ඉතා හොඳ අනාගතයක් තියෙනවා. දැන් ඔබ බරණැසට ගිහින් බරණැස් රජුටත් සේවය කොට ඉතා උසස් අයුරින් ජීවිතය ගෙනියන්ට පුළුවනි. ඉතින් පුත්‍රය, මං කොතරම් තොපට ලෙන්ගතු ද කියන්නේ මාගේ එකම දියණිය මං තොපට පාවා දෙනවා" කියා ප්‍රසන්න බවට පත් ගුරුවරයා තම දියණියත් ඔහුට පාවා දුන්නා.

දැන් මේ යොවුන් අඹුසැමි යුවළ ගුරුන් වැඳ බරණැස බලා පිටත් වුනා. ඔවුන් යන අතරමග එක්තරා වනාන්තර පෙදෙසක වසන චණ්ඩ හස්තියෙක් ඒ ප්‍රදේශය පාලු කරනවා. ඇතාට තියෙන භය නිසා ඒ පාරේ කවුරුවත් යන්නේ නෑ. මේ දෙන්නා දැකලා මිනිස්සු මෙයාලට ඒ පැත්තෙන් යන්ට එපා කීවා. ඒත් චුල්ලධනුග්ගහ පණ්ඩිතයෝ ඒක ගණන් ගත්තේ නෑ. වනයට ඇතුළු වෙලා ඉදිරියට ගියා.

වනාන්තරය මැදදී ඇතා මෙයාලා ඉදිරියට පිඹගෙන එන්ට ආවා. එතකොට මොහු එක ඊතලයයි ඇතාගේ කුම්භස්ථලයට විද්දේ. ඒ ඊතලය ඇත් කඳ පසාරු කරගෙන පිටුපසින් පිටවුනා. ඇතා එතැන ම වැටුනා. චුල්ලධනුග්ගහ පණ්ඩිතයෝ ඒ ප්‍රදේශයේ තිබූ බිය නැති කරලා දිගටම ගියා. යනකොට තවත් වනාන්තරයක් හමු වුනා. ඒ ගමේ මිනිස්සු මෙහෙම කිව්වා.

"අනේ දරුවනේ, උඹලා දෙන්නා විතරක් තනියම ඔය වනාන්තරේ යන්ට එපා. පනස්දෙනෙකුගේ හොරු කල්ලියක් ඉන්නවා. ඒකුන් උඹලාට කරදර කරාවි. අපි

කියන දේ අහලා ඔය වනාන්තරය මැදින් යන්ට එපා." එතකොට එයත් නොඅසා ඔවුන් දිගටම ගියා. යද්දි ඒ හොරු කල්ලිය මුවන් මරා ගෙන පාර අයිනේ මස් පිසගෙන කකා උන්නා. මේ දෙන්නා වැටුනේ එතැනට යි. එතකොට සොරු අලංකාර ආභරණවලින් සැරසිලා ඉන්න බිරිඳත් එක්ක එන මොවුන් දැක මොවුන්ව මංකොල්ලකන්ට සූදානම් වුනා. සොර නායකයාට පුරුෂයන්ගේ විශේෂ ලක්ෂණ දකින්ට පුළුවනි. මේ චුල්ලධනුග්ගහ පණ්ඩිතයෝ දැකලා සොර නායකයා අනිත් අයට කිව්වා මෙයාලට අතවත් තියන්ට එපාය කියලා. එතකොට ධනුග්ගහ පණ්ඩිතයෝ බිරිඳට මෙහෙම කිව්වා. "සොඳුරී, ගිහින් අපටත් එක මස් කොටසක් දෙන්ට කියා ඉල්ලාගෙන එන්ට" කියා එතැනට පිටත් කළා.

ඈත් ගිහින් "අපටත් එක මස් කොටසක් දෙන්ට" කියා ඉල්ලුවා. එතකොට සොර දෙටුවා "හා... මස් කොටහක් දීපන්. ඔය පුරුෂයා මහා වටිනා මිනිහෙක්" කියා සොරුන්ට කිව්වා. එතකොට සොරු "අපි පුළුස්සාගත්තු මස් කාලා ඉවරයි" කියා අමු මස් කොටසක් දුන්නා. එතකොට ධනුග්ගහ පණ්ඩිතයෝ තමන්ගේ උගත්කම ගැන ඇති ගර්වය නිසා 'මේකුන් අපට අමු මස් දුන්නා' කියා සොරුන් ගැන කිපුනා. මේ නිසා ධනුග්ගහ පණ්ඩිතයෝ සොරුන් එක්ක බහින්බස් වීමක් වුනා. සොරුත් "හරි... ඔහේ විතරද පුරුෂයා... ඇයි අපි ගෑණුද?" කියා කිපිලා ගියා.

එතකොට ධනුග්ගහ පණ්ඩිතයෝ තමන් ළඟ තිබූ ඊතල හතලිස් නවයෙන් හතලිස් නවදෙනෙකුට ම විදලා බිම දැම්මා. සොර නායකයාට විදින්ට ඊතලයක් තිබුනේ නෑ. තමන් කොපුවේ දාගෙන ආවේ ඊතල පනහයි. එයින්

එකක් කලින් ඈතාට විද්දා. ඒ නිසා ධනුග්ගහ පණ්ඩිතයෝ සොර දෙටුවාව බිම පෙරලා ගත්තා. තමන්ගේ සිරුරින් සොර දෙටුවාගේ උරය යටකරගෙන දණහිසින් පපුව තදකරගෙන බිරිඳගෙන් කඩුව ඉල්ලුවා.

ඒ වෙද්දී බිරිඳගේ සිත සොරදෙටුවා කෙරෙහි ඇදී ගිහින් ඉවරයි. සොරදෙටුවාට මුළුමනින් ම වසඟ වී ඉවරයි. බිරිඳ ඉක්මනින් කඩුව අරගෙන සොරාගේ අතට මිට යන්ටත් තමන්ගේ ස්වාමිපුරුෂයාගේ අතට තලය යන්ටත් දුන්නා. එතකොට සොරා කඩු මිට අල්ලාගෙන වැරෙන් පහර දී ධනුග්ගහ පණ්ඩිතයන්ගේ ගෙල සිඳ දැම්මා.

සොරා ධනුග්ගහ පණ්ඩිතයන්ගේ මළ කඳ පෙරලාගෙන නැගිට්ටා. එතකොට අර ස්ත්‍රිය ඇවිත් සොර දෙටුවාට තුරුළු වුණා. දැන් සොර දෙටුවා ස්ත්‍රියත් සමඟ සොරාගේ ගෙදරට පිටත්ව යන ගමන්.

"ඇත්තෙන්ම මට කියන්ට කව්ද ඔයා?"

"අනේ ස්වාමී... මං... තක්ෂිලාවේ දිසාපාමොක් ආචාර්යපාදයන්ගේ එකම දියණිය."

"එතකොට දැන් මේ මං අතින් මැරුම් කෑවේ කව්ද?"

"ආ... එයා ද... එයා ගැන මගේ පියාණන් ගොඩාක් සතුටු වුනා පියා වගේ ම දක්ෂතාවලින් සමානයි කියා. ඉතින් පියා සතුටට පත් වෙලා තමයි මාව එයාට දුන්නේ. එයා මගේ සැමියා. මට අනේ ඔයා ගැන ඇති වෙච්ච් ආදරේ කියාගන්ට බැරි තරම් මෙයා. මං ඔයා ගැන ඇති ආදරේ නිසා ම යි මට මගේ ගෙදරින් විවාහ කර

දුන් සැමියාව ඔයා ලවා නැති කළේ. දැන් ඉතිං මොනා කරන්ට ද අනේ. වුන දේ වුනා!

එතකොට සොරදෙටුවා නිශ්ශබ්දව කල්පනා කරමින් ගියා. 'ම්ම්... එතකොට මේකි තමන්ගේ ගෙදරින් මහත් ආදරෙන් ලබා දුන් තමන්ගේ සැමියාට යි මෙහෙම කළේ. එතකොට මට වඩා කඩවසම් වෙනත් එකෙක් දැක්ක ගමන් මේකි මාවත් මරවා ඒකාට තුරුළු වේවි. නිදකිං... මේකි... ම්... ම්... මට දැන් කරන්ට තියෙන්නේ හෙමිහිට මේකිගෙන් බේරිලා පැනගන්න එක.'

දැන් මේ දෙන්නා යද්දී අතරමගදී එක්තරා කුඩා ගංගාවක සැඩපහර වේගයෙන් ගලා බසිමින් තිබුනා. "සොඳුරී... මේ බලන්ට වතුර පාර සැරයි. කිඹුලොත් ඉන්නවා මයෙ හිතේ. අපි දෙන්නාට එක්වර ම එගොඩට යන්ට නම් බැරි වෙයි. ඇයි මේ බඩු පොදියකුත් ඔයා ළඟ තියෙනවා නේ. මොකද මං කරන්නේ?"

එතකොට ඈ තමන්ගේ ආභරණත් ගලවා උතුරු සළුවෙන් පොට්ටනියක් බැඳ සොරාට දුන්නා. "ඔයා අනේ මෙහෙම කරන්ට. මේ බඩුපොදිය අරගෙන ගිහින් එගොඩහින් තියා එන්ට. ඇවිත් මාව ගෙනියන්ට."

"හොඳා... මං එහෙම කරන්නං" කියා සොරදෙටුවා ඇගේ සියලු ආභරණ බඩුත් අරගෙන ගංගාවෙන් ගොඩ වෙලා ඇය එගොඩ දමා යන්ට සූදානම් වුනා. එතකොට ඇයට මෙය තේරුණා. ඈ කෑ ගසා මෙහෙම කීවා. "අනේ ස්වාමී... ඉක්මනට එන්ට. මං තාම මෙගොඩ නොවැ. මොකොද අනේ ඔයා පමා... ඇයි ඔහොම කරන්නේ... මාව ඉක්මනට ගෙනියන්ට" කියා මේ පළමු ගාථාව කිව්වා.

(1)

අනේ මගේ බ්‍රාහ්මණය ඇයි ඔයා පමා -
ඔක්කොම බඩු අරගෙන එගොඩ වුනානේ ඔයා
ඉක්මනින් ම මේ පැත්තට හැරී එන්ටකෝ -
හනිකට මාවත් එගොඩට අරං යන්ට කෝ

එතකොට එතෙරට ගිය සොරදෙටුවා ගාථාවෙන් මෙහෙම පිළිතුරු දුන්නා.

(2)

තී නම් මහ පුදුම ගෑණියක් කියලයි මට හිතෙන්නේ
කිසි දා දැක නැති මා දුටු පමණින් -
තී මා වෙත හැරුනා
ස්වීර සැමියා මොහොතින් අත්හැර -
මරන්ට තිගෙ සිත දරුණු වුනා
වෙන මිනිහෙක් තී ආයෙම දැක්කොත් -
ඒකගෙ පැත්තට හැරෙනව ම යි
තී වැනි අය මුණ නොගැසෙන්නට මං -
තව තව දුර ඈතට යනවා

එතකොට ඈ එගොඩ ඉඳගෙන හයියෙන් හඬා වැටුනා. සොරදෙටුවා ඇගේ බඩු ඔක්කොමත් අරගෙන "මං යනවෝ... තී ඔහොම හිටිං" කියා පලා ගියා. සෑහීමකට පත් නොවන අධික තෘෂ්ණාවෙන් යුතු අඥාන තැනැත්තී බලවත් කරදරයකට පත්ව අනාථව අසල තියෙන වන වදුලක් යට වාඩි වී හඬ හඬා හිටියා.

ඒ වෙලාවේ සක් දෙවිඳු මනුලොව බලද්දී අධික තෘෂ්ණාව හේතුවෙන් තමන්ගේ ස්වාමියාවත් මරා දමා සොරාවත් අහිමිව වනවදුලක් යට හඬ හඬා ඉන්නා මේ ස්ත්‍රිය දැක්කා. මැය ලැජ්ජාවට පත් කරන්ට ඕනෑය

යන අදහසින් මාතලී දිව්‍ය පුත්‍රයාත් පඤ්චසිඛ ගාන්ධර්ව පුත්‍රයාත් සමඟ එතැනට පැමිණියා. ගං තෙරේ සිට මාතලීට මෙහෙම කිව්වා. "මාතලී, දැන් ඔබ ගිහින් මාළුවෙක් වෙන්ට. පඤ්චසිඛ, ඔබ ගිහින් උකුස්සෙක් වෙන්ට. මං සිවලෙකුගේ වේශයෙන් මස් කුට්ටියක් කටින් ඩැහැගෙන අර ස්ත්‍රියට පේන්ට එන්නම්. මං වතුර ළඟට ආ විට මාතලී මාළුවාගේ වේශයෙන් වතුරෙන් උඩට ඉල්පී මං ළඟට එන්ට. එතකොට මං මස් කුට්ටිය අත්හැර මාළුවා අල්ලන්ට පනින්නම්. එතකොට උකුස්සාට තියෙන්නේ සැණෙකින් ඇවිත් මස්කැබැල්ල අරගෙන පියාඹන්ටයි."

"එසේය දෙව්රජුනේ" කියා මාතලී මාළුවා උනා. පංචසිඛ උකුස්සා වුනා. සක් දෙවිඳු සිවලා වෙලා මස් කැබැල්ලක් කටින් ගෙන ඈ දෙස බල බලා ගං ඉවුරට ආවා. ඈත් එදෙස බලා සිටියා. එතකොට ම මාළුවා වතුරෙන් උඩට පැන සිවලාගේ ඉදිරියට ආවා. සිවලා මස්කුට්ටිය අත්හැර වතුරට පැන්නා. උකුස්සා වහා ඇවිත් මස් කුට්ටිය ඩැහැගෙන ගියා. සිවලාත් වනවදුල දිහා බලාන අසරණව කරබාගෙන සිටිනවා දුටු ඈ "හනේ හනේ... ගොං හිවලෝ... තොගේ තියෙන කෑදරකොමේ මහත හැබෑට. අන්තිමේදී තොට කටේ තිබුන මස් කෑල්ලත් නෑ, ගඟේ මාළුවත් නැති වුනා නොවැ" කියා කන්ද පැලෙන තරම් හයියෙන් හිනාවෙන්ට ගත්තා. එතකොට සිවලා ඇයට මේ ගාථාව පැවසුවා.

(1)

කවුදෑ මේ වනවදුලේ සිට -
දෙවනත්වන හඬින් සිනා නගන්නේ
නෑ නොවැ මෙහි කිසි නැටුමක් -
නෑ නොවැ ගැයුමක් තාලම්පොට ගැසුමක්

හැඬිය යුතු මොහොතක් නේද මේ -
කෙණ්ඩා හැඩට පිහිටා ඇති තැනැත්තී
ඇයි මේ අවේලාවේ සිනා නගන්නී

එතකොට ඒ ස්ත්‍රිය සිවලාට මේ ගාථාවෙන් පිළිතුරු දුන්නා.

(2)

ඈ බොල මෝඩ සිවලෝ -
බලාපං උඹට නුවණක් නැති හැටි
අපූරුවට කටට ගත්තු මස් අත්හැරියා -
මාළුව අල්ලාගන්නට උඹට බැරි වුනා
දැන් ඒ දෙක ම අහිමි කරගත් තෝ -
අසරණව බලාගෙන හිටිං

මෙය ඇසූ සිවලා මේ ගාථාව පැවසුවා.

(3). අනුන්ගෙ අඩුපාඩුව තිට -
පේනව නොවැ හරි අගේට
තමුන්නේ වැරැද්ද තමා -
දැකගන්නට හරි අපහසු
තිට තමුන්නෙ ස්වාමියත් නැති වුනා -
හොර සැමියත් නැති වුනා
දැන් ඒ දෙන්නා අහිමි කරගත් තී -
මටත් වඩා අසරණ වී බලාන ඉන්නේ

එතකොට ඒ ස්ත්‍රියට මහා ලැජ්ජාවක් හටගත්තා. සිවලෙකුගෙන් නින්දා ලබයි කියා ඈ සිතුවේ නෑ. ඈ මෙහෙම පිළිතුරු ගාථාවක් කීවා.

(4)

අනේ රජෝ සොඳ සිවලෝ -
ඇත්තක් ම යි ඔයා කියන්නේ
මං මෙතනින් වෙන ගමකට ගොහින් -
වෙන සැමියෙක් හොයා ගන්නවා
මං එතකොට එයා කියන දේ අහගෙන -
ඒ අනුව ඉන්නවා

එතකොට ඇගේ අනාචාර දුස්සීල බව නැති කරන්ට ඇයට හැකියාවක් නැති බව පෙන්වා සක්දෙවිඳු මේ ගාථාව පැවසුවා.

(5). කෙනෙක් කලිං මැටි තලියක් සොරා ගත්ත නම්
රන් තලියත් ඒ කෙනා ම සොරා ගන්නවා
තී දැන් පව් කරලා ඉවරයි
නැවත නැවත තී කරන්නෙ ඔය පාපය ම යි

මෙය පවසා සක්දෙවිඳු දෙව්ලොව ගියා." මෙය වදාළ භාග්‍යවතුන් වහන්සේ චතුරාර්ය සත්‍ය ධර්මය වදාළා. ඒ ධර්ම දේශනාව අවසානයේ සිවුරු හැර යන්ට සිතා සිටි භික්ෂුව සෝවාන් ඵලයට පත් වුනා. "මහණෙනි, එදා චුල්ලධනුග්ගහ පණ්ඩිතයාව සිටියේ මේ සිවුරු හැර යන්ට සිතා සිටි භික්ෂුව. සැමියා මරා සොරා වැළඳගත් ස්ත්‍රියව සිටියේ මේ භික්ෂුවගේ ගිහි කළ බිරිඳ. සක්දෙව් රජව සිටියේ මම යි" කියා භාග්‍යවතුන් වහන්සේ මේ ජාතකය නිමවා වදාළා.

05. කපෝත ජාතකය

කෑමට ගිජුව පරෙවියා සමඟ යාළු වූ කපුටාගේ කතාව

පින්වතුනේ, පින්වත් දරුවනේ,

මේ සංසාර ගමනේදී නොයෙක් අයට නොයෙක් පුරුදු ඇති වෙලා තියෙනවා. හොඳ පුරුදු ඇති වුනෝතින් නම් යහපතක් වේවි. නරක පුරුදු බලපැවැත්තුවෝතින් නම් එය හේතු වන්නේ අයහපතට යි. මෙය එබඳු කතාවක්.

ඒ දිනවල අපගේ භාග්‍යවතුන් වහන්සේ වැඩ වාසය කොට වදාළේ සැවැත්නුවර ජේතවනයේ. ඔය කාලේ ජේතවනයේ එක්තරා භික්ෂුවක් වාසය කළා. ඒ භික්ෂුව ආහාරපාන ආදියට අධික ගිජුකමකින් යුක්තයි. මස් මාළු ලැබෙන තැන් සොය සොයා යනවා. බොහෝ සෙයින් අනුභව කරනවා. එතකොට භික්ෂූන් වහන්සේලා ඒ භික්ෂුවට ආහාර අනුභව කිරීමේදී ගිජු වීම භයානකයි කියා කරුණු කියා දුන්නා. නමුත් හරි ගියේ නෑ.

එතකොට භික්ෂූන් වහන්සේලා ඒ භික්ෂුව භාග්‍යවතුන් වහන්සේ වෙත කැඳවාගෙන ගියා. භාග්‍යවතුන් වහන්සේ ඒ භික්ෂුවට අවවාද වශයෙන් මෙසේ වදාළා.

"භික්ෂුව, ආහාරයට ඇති අධික ගිජු බව නැති කරගන්ට. ඔබට තියෙන්නේ සසර පුරුද්දක්. ඔබ ආහාරයට ගිජුව සිටියේ මේ ආත්මේ විතරක් නොවේ. ආහාරයට ඇති ගිජුකම නිසා ම කලින් ආත්මෙක ඔබ ජීවිතක්ෂයට පත් වුනා" කියා මේ අතීත කතාව ගෙනහැර දක්වා වදාළා.

"මහණෙනි, ගොඩාක් ඉස්සර කාලෙක බරණැස්පුරේ බ්‍රහ්මදත්ත නම් රජ්ජුරු කෙනෙක් රාජ්‍ය විචාරමින් සිටියා. ඔය කාලේ මහාබෝධිසත්වයෝ පරෙවියෙක් වෙලා ඉපදිලා උන්නා. ඔය පරෙවියා වාසය කළේ බරණැස් සිටුතුමාගේ කුස්සියේ අරක්කැමියා හදා දුන් කූඩුවක. දවසක් මස් මාංශ කන්ට අධික ආශාවෙන් යුත් කපුටෙක් පරෙවියාත් එක්ක යාළුකමක් ඇති කරගත්තා. පරෙවියත් සමඟම ටිකෙන් ටික කුස්සියට ආවා. පරෙවියා වාසය කළ තණකොළ කූඩුවේ ම ලගින්ට පටන් ගත්තා. අරක්කැමියාත් පරෙවියාගේ මිතුරෙක් නොවැ කියා නිශ්ශබ්දව සිටියා.

දවසක් කුස්සියේ පිසීම පිණිස මස් මාළු ගොඩක් ගෙනාවා. එතකොට කපුටාට මස් කන්ට ආසාවක් ඇති වුනා. අසනීපයකින් වගේ තණකොළ කූඩුවේ ම දිගා වී සිටියා. පරෙවියා ගොදුරු සොයා යන්ට සූදානම් වුණා.

"මිත්‍රයා... යමු... මොකවත් කෑමට සොයා ගන්ට ඕනෑ නේද?"

"අනේ මට අමාරුයි. මයෙ හිතේ අජීර්ණයක් වාගේ. මං ඉන්නම්... ඔහේ යන්ට." එතකොට පරෙවියා පිටත්ව ගියා. "හප්පා... යාන්තං ඇති මගේ සතුරු කටුව

යන්ට ගියා. දැන් මට ඕනෑ දෙයක් නිදහසේ කන්ට ඇහැකි" කියා මේ ගාථාව පැවසුවා.

දැන් ඉතිං මට - සැපයි නිරෝගියි
ඇයි මට කරදර කරන සතුරු කට්ට
- ඉගිලී ගියා නොවැ
දැන් මට හිතේ සතුටින් - කරන්ට පුළුවනි යමක්
ඒක එහෙම තමයි - මාව බලෙන් අවුස්සලා ගන්නේ
නැගිට ගොහිං කාපං කියනවා වාගේ
- මේ මසුත් අනිත් මසුත් හැඩට තියෙන්නේ

එදා අරක්කැමියා මස් මාළු උයලා කුස්සියෙන් එළියට ආවා. දහඩිය වියලවමින් එළියට වෙලා හිටියා. එතකොට කපුටා එළියට ඇවිත් මස් බෙදා තිබූ බඳුන් අස්සේ හැංගුනා. එතකොට භාජන ගැටෙන ශබ්දය ඇසුනා. අරක්කැමියා වේගයෙන් දුව ඇවිත් කපුටාව අල්ලා ගත්තා. කපුටාගේ තටු ගැලෙව්වා. ඇඹරූ අමු ඉඟුරු මිරිස් ලුණු ගුලියක් ගෙන කපුටාගේ ඇගේ හොඳට පොඩිකරමින් ගෑවා. වළං කටුවක් සිදුරු කරලා ලණුවකින් අමුණා කපුටාගේ බෙල්ලේ ගැට ගැසුවා. ඊට පස්සේ තණකොළ පැසට ම දැම්මා. පරෙවියා ආවා. හොරා කන්ට ගොහින් අසුවී දඬුවම් විඳ අසරණව ඉන්නා කපුටාව දැක්කා. "හා... කවුදෑ මේ කෙකිනි? මයෙ යාළුවාගේ පැසට ඇවිත් නිදා සිටින්නී. ඒ කපුටා හරි සැඩ පරුෂයි. ආවෝතින් තීව මරාවි" කියා අපහාස කොට මේ ගාථාව පැවසුවා.

(1)

කෙකිනියගේ සීයා තමා වැහි වළාකුළු -
ඇගේ හිසේ පුංචි සිළුවකුත් ඉතිරිවෙලා

ඈ සෙරක් තමා කව්ද මේ කෙකින්නී -
පැත්තකට වෙලා නිදියපං
දැන් මගේ කපුටු මිත්‍රයා ආවොත් - තිට වැඩ වරදී

එතකොට කූඩුවේ අසරණව වැතිරී සිටි කපුටා කෙඳිරි ගගා මෙහෙම කිව්වා.

(2)

අනේ ඇයි ද ඔහොම සිනා පාන්නේ
- පේනව නොවැ වෙච්චි දේ
අරක්කැමි පුත්‍රයා ගලවා තටු මගේ
- පිටිකළ දූරු මිරිස්වලින්
මගේ සිරුර තවරා - තලා දැම්මා නොවැ හොඳටම

එතකොට පරෙවියා කපුටාගේ අධික ගිජුකම උපහාසයට ලක් කරමින් මේ ගාථාව කිව්වා.

(3)

නෑ නෑ හොඳ හැටි නාලා වාගේ
- ඇඟ පුරාම සඳුන් ගල්වා වාගේ
කෑමෙන් බීමෙන් ඇති පදමට
- සප්පායම් වීලා වාගේ
බෙල්ලේ වෛරෝඩියකුත් තියෙන්නේ
- බරණැස් නුවර ගියාවත් ද

එතකොට කපුටා මේ ගාථාවෙන් පිළිතුරු දුන්නා.

(4)

අනේ ඔයාගේ මිතුරෙක්වත් සතුරෙක්වත්
- බරණැස් නම් යන්ට එපා
එහි ගිය අයගේ තටු ගලවා
- බෙල්ලෙ වළං කටු එල්ලනවා

එය ඇසූ පරෙවියා මේ ගාථාව පැවසුවා.

(5)

මිතුර තොප නම් ආයෙමත් -
මේ දුකට පත් වෙනවා ම යි
තොපගේ ගතිගුණ පිහිටා ඇත්තේ -
දුක් ලැබෙනා පිළිවෙළටයි
මිනිසුන් කන බොන රසවත් දේ -
කුරුල්ලෙකුට ලේසියෙන් ලැබෙන්නෑ

පරෙවියා මෙසේ කියා ඒ ප්‍රදේශය අත්හැර වෙනත් පළාතකට ගියා. කපුටා එහි ම මළා."

මෙය වදාළ භාග්‍යවතුන් වහන්සේ චතුරාර්ය සත්‍ය ධර්මය දේශනා කොට වදාළා. ඒ ධර්ම දේශනාවේ අවසානයේදී ආහාරයට ගිජු වී සිටි භික්ෂුව රස තෘෂ්ණාව ප්‍රහාණය කොට අනාගාමී ඵලයට පත් වුනා. "මහණෙනි, එදා කෑමට ගිජු වූ කපුටාව සිටියේ මෙහි ලෝල භික්ෂුවයි. පරෙවියාව සිටියේ මම යි" කියා භාග්‍යවතුන් වහන්සේ මේ ජාතකය නිමවා වදාළා.

තුන්වෙනි අඩ්ඪ වර්ගය යි.

මහාමේඝ ප්‍රකාශන

19. මහධන සිටුපුත්‍රයා
20. අනේපිඬු සිටුතුමා
21. නන්ද මහරහතන් වහන්සේ
22. මණිකාර කුළුපග තිස්ස තෙරණුවෝ
23. විශාඛා මහෝපාසිකාව
24. පතිපූජිකාව
25. සිරිගුත්ත සහ ගරහදින්න
26. මහාකස්සප මහරහතන් වහන්සේ
27. අහෝ දෙව්දත් නොදිටි මොක්පුර
28. භාගිනෙය්‍ය සංඝරක්ඛිත මහරහතන් වහන්සේ
29. උදලු කෙටිය
30. සාමාවතී සහ මාගන්දියා
31. සිරිමා
32. බිළාලපාදක සිටුතුමා
33. මඝවා නම් වූ සක්දෙව්දු
34. ආනන්දය, සර්පයා දුටුවෙහි ද?
35. සුදොවුන් නිරිඳු
36. සුමනා දේවිය
37. නමෝ බුද්ධාය
38. චෝරඝාතක
39. සිදුරු පහේ ගෙදර
40. අග්ගිදත්ත බ්‍රාහ්මණයා

- **ඉංග්‍රීසි භාෂාවට පරිවර්තනය වී ඇති ධර්ම දේශනා ග්‍රන්ථ :**

01. Mahamevnawa Pali-English Paritta Chanting Book
02. The Wise Shall Realize
03. The life of Buddha for children
04. Buddhism

- **ඉංග්‍රීසි භාෂාවට පරිවර්තනය වී ඇති සූත්‍ර දේශනා ග්‍රන්ථ :**

01. Stories of Ghosts
02. Stories of Heavenly Mansions
03. Stories of Sakka, Lord of Gods
04. Stories of Brahmas
05. The Voice of Enlightened Monks
06. The Voice of Enlightened Nuns
07. What Does the Buddha Really Teach? (Dhammapada)
08. What Happens After Death - Buddha Answers
09. This Was Said by the Buddha
10. Pali and English Maha Satipatthana Sutta

- **ඉංග්‍රීසි භාෂාවට පරිවර්තනය වී ඇති සදහම් සිතුවම් පොත් :**

01. Chaththa Manawaka
02. The Great Arhant Bahiya Darucheeriya
03. The Great Arhant Pindola Bharadvaja
04. Sumana the Novice monk
05. The Great Arahath Bikkhuni Ambapali
06. The Great Arahant Rattapala
07. Stingy Kosiya of Town Sakkara
08. Kisagothami
09. Sumana The Florist
10. Kali She-devil
11. Ayuwaddana Kumaraya
12. The Banker Anathapindika
13. The Great Disciple Visākhā
14. Siriguththa and Garahadinna

www.ingramcontent.com/pod-product-compliance
Lightning Source LLC
Chambersburg PA
CBHW070532030426
42337CB00016B/2184